ZOUJIN WENYANWEN

走进文言文

中华传统文化故事 3

杨振中 编著

上海远东出版社

图书在版编目(CIP)数据

走进文言文. 中华传统文化故事. 3/杨振中编著. —上海：上海远东出版社，2021
ISBN 978-7-5476-1677-2

Ⅰ. ①走… Ⅱ. ①杨… Ⅲ. ①文言文—中学—教学参考资料 Ⅳ. ①G634.303

中国版本图书馆 CIP 数据核字(2020)第 250901 号

责任编辑 王 萍
封面设计 李 廉

走进文言文. 中华传统文化故事. 3
杨振中 编著

出　版 上海遠東出版社
（200235 中国上海市钦州南路 81 号）
发　行 上海人民出版社发行中心
印　刷 上海信老印刷厂
开　本 787×960 1/16
印　张 7.75
字　数 137,000
版　次 2021 年 6 月第 1 版
印　次 2021 年 6 月第 1 次印刷
ISBN 978-7-5476-1677-2/G·1086
定　价 28.00 元

编者的话

一、本书是供中学生阅读的。古文文字浅近，阅读中不会有太大困难。

二、古人说："人之初，性本善。"仁爱、善良是中华传统美德，人人应具备。仁爱、善良也是人的本性，有了这颗心，就会乐于助人、见义勇为、济贫解难、疾恶如仇；善良的人，别人也愿意帮助他。书中故事，有仁爱善良、乐于助人、济贫救友、教育儿女等，对学生提高思想品德有益。希望学生以此借鉴，做一个仁慈的人，与人为善。书中故事，也有强凶霸道、欺侮凌弱、为奸作恶的，学生应引以为鉴。凶恶是后天沾染坏习惯养成的，所以千万不要与恶人交往，甚至交友。

三、书中注释的词，文言中多见，掌握它们，有利于学习其他文言文。

四、书中地名一律注为"古地名"。如淮阴，昔日的淮阴，很难与今日的淮阴相比，因为地域扩大了，人口增多了。请勿苛求。

五、读书要日积月累，不要妄想一步登天。

六、若有难词，查阅词典，切勿随意略过，造成一知半解。

七、书中如有不当的地方，敬请读者指正。

杨振中

目　录

陆 绩 怀 橘

陆绩，三国时吴人也。官至太守，精于天文、历法。绩年六，于九江①见袁术。术令人出橘食之。绩怀三枚，临行拜辞术，而橘坠地。术笑曰："陆郎作客而怀橘，何为耶？"绩跪对曰："是橘甘，欲怀而遗(wèi)②母。"术曰："陆郎幼而知孝，大必成才。"术奇③之，后常称说。

注释

① 九江：古地名。　② 遗：送给。　③ 奇：对……感到奇怪。

阐发

释"辞"。上文"辞术"中的"辞"，解释为告别。又，"辞家远行"，意为告别家人去远方。又，"不辞而别"，意为不告别就走了。又，"辞友人而去他乡"，意为与朋友告别，去外地。

启发与借鉴

六岁的陆绩，懂得孝敬母亲，所以袁术说他"大必成才"。如今不少孩子，要吃这个，要买那个，父母往往百依百顺。这样宠孩子，将来孩子会孝顺长辈吗？

练习

1. 解释文中加点的词。

① 怀________　② 临________　③ 坠________

2. 翻译文中画线的句子。

① 是橘甘，欲怀而遗母________________________________

② 术奇之____

黄香温席

昔汉时黄香，江夏[①]人也。年方九岁，知事亲之理。每当夏日炎热之时，则扇父母帷帐[②]，令枕席清凉，蚊蚋（ruì）[③]远避，以待亲之安寝；至于冬日严寒，则以身暖其亲之衾（qīn），以待亲之暖卧。于是名播京师[④]，号曰“天下无双，江夏黄香”。

注释

① 江夏：古地名。 ② 帷帐：蚊帐。 ③ 蚋：一种吸血的小虫。 ④ 京师：京城。

阐发

释“使动用法”。上文“以身暖其亲之衾”中的“暖”，要理解为“使……温暖”，或“让……暖和”，意为用自己的体温使他父母的被子暖和。这种文言语法现象就叫“使动用法”。

启发与借鉴

我们从小应懂得孝顺父母，而且宜从小事做起。

练习

1. 解释文中加点的词。

① 昔________ ② 方________ ③ 事________ ④ 令________

⑤ 衾________

2. 翻译文中画线的句子。

以待亲之暖卧________________________

王安期不鞭书生

王安期作东海①郡守，世乱，令②曰：夜不得私行。吏系得一夜行人。王问："何处来？"云："自师家受业还，不觉日晚。"吏曰："鞭乎？"王曰："鞭挞书生以立威名，恐非致③治之本。"释之，并令吏护送其归家。

注释

① 东海：古地名。 ② 令：命令。 ③ 致：达到。

阐发

释"治"。"治"在文言中可作动词用，指"治理""管理""经营"等，这一点容易理解。它又可作名词用，指"政治有条理""社会太平"等，这一点较难掌握。上文"恐非致治之本"中的"治"，即指"社会太平"，意为恐怕不是达到社会太平的根本方法。又，"京城大治"，意为京城里很太平，很安定；"国家不治，百姓难存"，意为国家不太平，百姓难以生存。

启发与借鉴

处理问题要从实际出发。"夜不得私行"是为了防止坏人作案，至于书生学而迟归，当另行对待。王安期不一概而论，不鞭打书生，做得对。

练习

1. 解释文中加点的词。

① 系________ ② 云________ ③ 释________

2. 翻译文中画线的句子。

自师家受业还________________________________

司马光救友

一日，群儿戏于庭。一儿攀瓮(wèng)[①]，失足没水中。众皆[②]弃之去。其时光[③]六七岁，遽持石击瓮，破[④]之，水迸，失足者得活。人非唯称其智，且具仁爱之心。

注释

① 瓮：一种口小腹大的盛器。 ② 皆：全，都。 ③ 光：指司马光。 ④ 破：打开，打破。

阐发

释“非唯……且……”。这是复句的一组关联词，相当于“不仅……而且……”。上文“人非唯称其智，且具仁爱之心”，意为人们不仅称赞他有智慧，而且称赞他具有仁爱的心肠。又，“非唯无益，且害之也”，意为不仅没好处，反而害了他。

启发与借鉴

司马光是宋朝著名的史学家，著有《资治通鉴》。他从小聪明胆大，持石击瓮仅是一个小小的智慧。人们说“从小看看，到老一半”，意为小时候的品性，到老了仍有一半。

练习

1. 解释文中加点的词。

① 庭________ ② 遽________ ③ 迸________ ④ 具________

2. 翻译文中画线的句子。

众皆弃之去________________________________

王生养蛇

王生以养蛇为业，蛇以百数。蛇肉可食，其胆可制药，售之，日渐富裕，买牛买田，邻居慕[①]之，曰：“可否予吾十数条，亦养之。”王生诺，遂与之。邻有意，尚无智，近而玩之，不意为蛇所噬[②]，大惊。幸王生有蛇药，遂治之，数日即愈。邻人欲谢之。王生曰：“此乃吾之过，何谢之有！”越二载，邻居亦脱贫而小裕也。两家庆贺，皆大欢喜。

注释

① 慕：羡慕。 ② 噬：咬。

阐发

释“以百数”。上文“以百数”，即用百来计算，意为数百条。又，“植树以千数”，意为栽了数千株树苗。又，“池中鱼以万数”，意为池塘的鱼有数万条。

启发与借鉴

王生自家养蛇富裕了，还能帮助邻居一起致富，实在是好心肠。

练习

1. 解释文中加点的词。

① 业________ ② 售________ ③ 诺________

2. 翻译文中画线的句子。

① 近而玩之________________________________

② 越二载________________________________

张菊分李

张氏庭内，有李树数株，每逢秋月，树上结满李子。摘之，累有十数筐。售之，仍有余。其女八岁，于私塾[①]学。每日上学，则携数十颗，分与侣。是[②]李甘，竞争之。于是女日多携之，勿争焉。左右邻舍亦分得之。或曰："是女乃仁人也，无私与人。"后适[③]与刘氏，共植李树，树繁，亦硕果累累。

注释

① 私塾：旧时私人设立的学校。 ② 是：这，这个。 ③ 适：指女子出嫁。

阐发

释"甘"。上文"是李甘"中的"甘"，指"甜"，意为这李子甜。又，"橘甘，遗母食"，意为橘子甜，送给母亲吃。又，"是杏勿甘，无人食"，意为这杏子不甜，没人吃。

启发与借鉴

八岁的孩子，懂得与人分享甜美的李子，长大后必为仁人。

练习

1. 解释文中加点的词。

① 庭________ ② 月________ ③ 累________ ④ 携________

⑤ 亦________ ⑥ 或________

2. 翻译文中画线的句子。

① 竞争之________________________________

② 亦硕果累累____________________________

包惊几为人嫁女

清人包惊几笃于友谊，与吴东湖善。吴卒，抚其家甚至。后方嫁女，闻吴女亦将适人，贫不能理装①，即以其女之奁（lián）具②赠之，已女后一载始嫁。时论③称之。

注释

① 理装：备办嫁妆。　② 奁具：嫁妆。　③ 时论：当时人们议论（这件事）。

阐发

释“笃”。“笃”是个多义词。上文“包惊几笃于友谊”中的“笃”，指“重”“看重”，句意为包惊几看重友谊。又，“母病笃”，意为母亲病重。它又指“专心”，如“笃学”，意为专心学习。它还指“诚实”，如“其人笃厚”，意为那人诚实忠厚。

启发与借鉴

包惊几对吴东湖友情深厚，吴东湖去世后，包惊几不仅照顾他的家庭，还为他嫁女。包惊几善良而仁慈，所以人人称赞他。

练习

1. 解释文中加点的词。

① 善________　② 适________　③ 载________　④ 称________

2. 翻译文中画线的句子。

抚其家甚至________________________

刘、沈处世各异

刘凝之①为②人认所著③履，即与之。此人后得所失履，送还，不肯复收。又，沈麟士亦为邻人认所著履，麟士笑曰："是卿履耶？"即与之。邻人得所失履，送还，麟士曰："非卿履耶！"笑而受之。此事虽小，然④处世当如麟士，不当如凝之也。

注释

① 刘凝之：他与下文所提到的沈麟士均为南朝时宋、齐间人。 ② 为：被。 ③ 著：同"着(zhuó)"，穿着。 ④ 然：但是，转折连词。

阐发

释"履"。鞋子古代称"履"。又，"履已敝，弃之"，意为鞋子已破，把它扔了。又，"其履贵，勿市"，意为那鞋子太贵，不买。又，"以鸡易履"，意为用鸡交换鞋子。

启发与借鉴

刘凝之与沈麟士对别人认错鞋子的态度完全不同。刘凝之尖刻，弄得对方很尴尬，而沈麟士心胸宽阔，毫不计较。所以作者批评刘凝之，赞扬沈麟士。

练习

1. 解释文中加点的词。

① 认________　　② 卿________

2. 翻译文中画线的句子。

处世当如麟士________________________________

黄仙裳济友

泰州知县田雪龛(kān),为官廉。黄仙裳与之往来,绝不干[①]私利。后田罢官,因无资不得返乡。黄仙裳自汝宁[②]远道归,囊中但有二十两金[③]。闻之,乃先至田寓,分其半以赠。田辞谢,黄固赠之。田得以启程。黄后语人曰:“若是日吾先至家,则家人需金其亟(jí),不得分以赠矣。若此,吾必悔恨终身。”

注释

① 干:求取。 ② 汝宁:古地名。 ③ 金:指银子。

阐发

释“恨”。文言中的“恨”,可作“怨恨”解释,但多数时候要解释为“遗憾”。上文“若此,吾必悔恨终身”的“恨”,作“遗憾”用,意为要是那样,我必定会懊悔遗憾一辈子。

启发与借鉴

古人说:“君子之交淡如水。”所谓“淡如水”,意为明净清澈,不含有杂质——私利。黄仙裳早年与田雪龛交谊甚深,但他不从田雪龛身上获得任何好处。后来田雪龛处于困境,黄仙裳纵然自己家庭不富裕,也竭力帮助他。真诚的友谊就应该这样。

练习

1. 解释文中加点的词。

① 寓________ ② 辞________ ③ 是________ ④ 亟________

2. 翻译文中画线的句子。

分其半以赠______________________________

陶侃不伤农

陶侃①尝出巡，见人持一把未熟稻。侃问："用此何为？"人云："行道②所见，聊取之耳。"侃大怒，曰："汝不田，而贼人稻！"执而鞭之。是以百姓勤于耕殖，家给人足。

注释

① 陶侃：东晋大政治家、军事家。 ② 行道：走在路上。

阐发

释"曰"与"云"。这两个词，都可作"说"解。"孔子曰"即孔子说；"人曰未见"，意为人们说未看见。在文言中"曰"用得较多，用"云"较少。上文"人云"，意为那个人说。成语"人云亦云"，意为别人这么说自己也跟着这么说，形容毫无主见。

启发与借鉴

官吏的喜怒哀乐，常影响着百姓。陶侃鞭打随意抓取未熟稻的人，于是百姓勤于耕织，家给人足。为官的人要造福一方，陶侃做到了。

练习

1. 解释文中加点的词。

① 巡________ ② 聊________ ③ 执________ ④ 给________

2. 翻译文中画线的句子。

① 用此何为________________________________

② 汝不田，而贼人稻________________________________

孝 女 婉 花

黄冈[1]有一九岁女儿，父母外出谋生，家中唯有祖孙两人。女儿名曰“婉花”。煮饭、浣衣、喂鸡、饲鸭，皆有婉花任之。一日，祖出户，方[2]几步，倏跌倒，婉花见之，呼众竭力扶起，曰：“伤否？”祖摇头。自此婉花不离祖左右。若出户，则扶之而行。日日为祖摩腿、推腰。室少谷，邻里相助，衣不完，亲友济之。五年后父母归，见叟健，大喜。人曰：“此皆孙女之功也。”

注释

① 黄冈：古地名。 ② 方：才。

阐发

释“浣”。浣指洗，“浣衣”即洗衣。又，“见四五妇于水边浣。”意为看见四五个妇女在水边洗衣。又，“吾本浣女，后学针绣。”意为我本是洗衣女子，后来才学习针绣。

启发与借鉴

晋人李密不愿做官，朝廷催促也不肯上路，因为他要服侍祖母，儿时父亡母再嫁，是祖母培养了他。上文说的婉花，类似晋人李密，人称“孝女”。

练习

1. 解释文中加点的词。

① 唯________ ② 任________ ③ 倏________ ④ 完________

⑤ 济________ ⑥ 叟________

2. 翻译文中画线的句子。

邻里相助________________________________

王羲之书六角扇

王羲之，东晋之大书法家。尝在蕺(jí)山[①]见一老姥(mǔ)，持六角扇卖之。羲之书其扇，各为五字。姥初有愠(yùn)色。羲之因谓姥曰："但言王右军[②]书，以求百钱耳。"姥如其言，人竞买之。他日，姥又见羲之，求其书之，羲之笑而不答。

注释

① 蕺山：古地名。 ② 王右军：王羲之曾任右军将军，故称王右军。

阐发

释"姥、妪(yù)与媪(ǎo)"。这三个字，都指老妇人。上文"见一老姥"，意为看见一个老妇人。又，《石壕吏》："老妪力虽衰，请从吏夜归。"意为"老妇虽然年老力衰，但请让我跟从你连夜赶回营去。"又，"道逢媪"，意为路上遇见一个老妇人。

启发与借鉴

王羲之的字，从上文中可见一斑。他写的《兰亭集序》已失传，据说被唐太宗带进了坟墓里。

练习

1. 解释文中加点的词。

① 书________ ② 愠________ ③ 因________ ④ 但________

2. 翻译文中画线的句子。

① 羲之书其扇，各为五字________________________

② 人竞买之________________________

手 足 情①

田氏父母早亡。兄弟两人相依为命。兄身强力壮，而弟双足瘫痪，不得直立行走。兄每出耕，则②负弟坐田垄。归则背弟回家。如是二十载。后弟暴病而亡，兄哭声震天地。其手足情，无不赞叹。

注释

① 手足情：指兄弟之间的情谊。　② 则：就。

阐发

释“负”。上文“则负弟坐田垄”，其中“负”指背、背着。此句意为就背着弟弟坐在田埂上。又，“负柴而归”，意为背着柴草回家。又，“负债数千”，意为背了数千债。

启发与借鉴

田氏兄弟，手足情深。哥哥背着弟弟二十年，实在是难能可贵。

练习

1. 解释文中加点的词。

① 依________　　② 命________　　③ 走________

2. 翻译文中画线的句子。

① 如是二十载________________________________

② 暴病而亡________________________________

孙泰

孙泰，山阳[1]人，少师皇甫颖，操守[2]颇有古贤之风。泰妻即姨妹[3]也。先是，姨老矣，以二子为托，曰："其长损一目，汝可取其女弟。"姨卒，泰取其姊。或诘之，泰曰："其人有废疾，非泰不可适。"众皆服泰之义。尝于都市[4]遇铁灯台，市之，而命洗刷，却银也，泰亟往还之。

注释

① 山阳：古地名。 ② 操守：品德。 ③ 姨妹：表妹。 ④ 都市：国都的市场。

阐发

释"市"。"市"指市场，众人皆知，上文"尝于都市……"中的"市"，即是市场的意思。而"市之"中的"市"，却要解释为"买"。又，"市得一画"，意为买到一幅画。又，"市肉三斤"，意为买了三斤肉。

启发与借鉴

孙泰娶盲女和归还铁灯台，这两件事说明孙泰是个仁爱而又品德高尚的人。这种事，世人难以做到，所以值得称赞。

练习

1. 解释文中加点的词。

① 少________ ② 师________ ③ 长________

④ 损________ ⑤ 诘________ ⑥ 适________

⑦ 市________ ⑧ 却________ ⑨ 亟________

2. 翻译文中画线的句子。

操守颇有古贤之风________________________

周 公 安 民

周武王克殷[①]，召邵公而问："殷之士众，奈何处之?"邵公对曰："有罪者杀之，无罪者活之。"武王曰："不可!"邵公出，周公[②]入。武王曰："为之奈何?"周公曰："使各居其宅，田其田，无变旧新，唯仁是亲。"武王曰："善哉!"乃从周公之言。

注释

① 殷：商朝。 ② 周公：武王的弟弟。

阐发

1. 释"奈何"。"奈何"相当于"怎么"。上文"奈何处之"，意为怎么处理他们。

2. 释"唯仁是亲"的语法现象。"唯……是……"是文言中的固定句式，相当于"只……"，其中"是"无义，只起语法作用，即把原应放在后面的"仁"提到了"亲"的前面，实际应按"唯亲仁"理解，即只要亲近有仁德的人，或只要亲近安分的人。成语"唯利是图"与上面句式相同，应按"唯图利"理解，意为只贪图钱财。

启发与借鉴

周公的建议代表了平定天下的宽广胸怀，有利于周武王的统治，所以武王听从了他。

练习

1. 解释文中加点的词。

① 克________ ② 召________ ③ 宅________ ④ 田________

2. 翻译文中画线的句子。

① 奈何处之______________________________

② 为之奈何______________________________

郗鉴爱幼

西晋末，兵荒马乱，郗(xī)鉴于乡里穷馁，乡人以公名高德隆，传[①]共饴(yí)之。公常携兄子迈及外甥周翼二小儿往食。乡人曰："今各自饥困，以君之贤，故共济君耳，恐不能兼存二小儿。"公于是独往食，辄含饭着两颊边，还而吐与二儿。后皆得存，并携而过江[②]。郗公亡，翼为剡(shàn)县令，守丧于灵前三年。

注释

① 传：轮流。 ② 过江：指因遭乱而渡过长江南下。

阐发

释"兼"。"兼"指同时涉及几种事物。"恐不能兼存二小儿"，意为养活了你郗鉴，恐怕不能同时养活两个小孩。"兼"又指"加倍"，"兼程"指加倍赶路。

启发与借鉴

郗鉴心地仁慈，为保全两个小孩，竟"含饭两颊边"，回家后吐给他们吃，才使之活命。

练习

1. 解释文中加点的词。

① 馁________ ② 存________ ③ 辄________ ④ 着________

2. 翻译文中画线的句子。

① 传共饴之________________________________

② 故共济君耳________________________________

雏 燕

吾弟爱鸟，日思得一雏。今春，有燕自南来，竟日衔泥，筑室于檐下，劳甚。未几，啾啾之声可闻，盖雏已出壳矣。一日，有雏坠于堂下，弟拾之，不胜喜，纳于笼而饲之。母闻之，曰："是乃益鸟，食虫害，且南飞越① 冬，尔安得久饲之？"趣弟遽② 释之。弟恋恋不舍，然视雏意甚哀，遂出笼释之。雏飞于巢，与其家人熙熙而乐也。

注释

① 越：过。 ② 遽：马上。

阐发

释"乃"。"乃"除了相当于"于是""才""就""却"以外，还表示判断，相当于"是"。上文"是乃益鸟"，意为这是益鸟。又，"吾乃鲁人也"，意为我是山东地方人；"此乃顽疾也"，意为这是不易治好的病。

启发与借鉴

鸟是人类的朋友，人人都应该爱鸟。

练习

1. 解释文中加点的词。

① 竟________ ② 甚________ ③ 盖________ ④ 坠________

⑤ 趣________ ⑥ 释________

2. 翻译文中画线的句子。

① 纳于笼而饲之________________________________

② 尔安得久饲之________________________________

刘氏善举

刘氏者，某乡寡妇也，育一儿，昼则耕作于田间，夜则纺织于烛下，竟年如是。邻有贫乏者，刘氏辄以斗升[1]相济。偶有无衣者，刘氏以己之衣遗之。乡里咸[2]称其善。然儿不解，心有憾[3]。母诫[4]之曰："与人为善，乃为人之本，谁无缓急之事。"母卒三年，刘家大火，屋舍衣物殆(dài)尽，乡邻给衣物，且为之伐木建屋，皆念刘氏之情也。时刘儿方悟母之善举也。

注释

① 斗升：旧时量器。指一斗一升粮食。 ② 咸：皆，全，都。 ③ 憾：怨恨。 ④ 诫：告诫。

阐发

释"辄"。"辄"解释为"就""往往""常常""总是"。上文"辄以斗升相济"，意为往往用一斗一升的粮食救助他人。成语"动辄得咎"，意为动不动就受到批评。

启发与借鉴

经常帮助别人的人，当自己有困难时别人也会来帮助的。

练习

1. 解释文中加点的词。

① 济________ ② 遗________ ③ 卒________ ④ 殆________

⑤ 悟________ ⑥ 举________

2. 翻译文中画线的句子。

竟年如是____________________________

二 鹊 救 友

某氏园中，有古木，鹊巢其上，孵卵将雏。一日，鹊徊翔其上，悲鸣不已。顷之，有群鹊渐鸣渐近，集古木上。忽有二鹊对鸣，若相语状，俄而扬去。未几，一鹳（guàn）① 横空而来，“咯咯”有声，二鹊亦尾其后。群鹊见而噪，若有所诉。鹳又“咯咯”作声，似允所请。鹳于古木上盘旋三匝（zā）②，遂俯冲鹊巢，衔一赤蛇吞之。群鹊喧舞，若庆且谢也。盖二鹊招鹳援友也。

注释

① 鹳：一种凶猛的鸟。　② 三匝：三周。

阐发

释“名词作动词”用。上文“鹊巢其上”中的“巢”，本是名词，文中作动词用，即“筑窝”。又，“二人酒之”，其中“酒”也是名词作动词用，指“饮酒”。又，“为吾衣之”，其中“衣”指“穿”，也是名词作动词用。

启发与借鉴

本文是讲二鹊招鹳救友，鹳见义勇为的故事，看来飞禽也有友谊。

练习

1. 解释文中加点的词。

① 已________　② 俄________　③ 扬________　④ 尾________

⑤ 若________　⑥ 盖________

2. 翻译文中画线的句子。

鹊徊翔其上____________________________

永泉夫妇

永泉者，扬人也，年三十而未取。家有母，年且七十，病于床。泉日出而作，日入而息，事母未曾废离。邑有女，年二九[1]，以泉为孝，欲附之。父母不允，女竭力争，不许，遂私奔。十年后，泉母卒，哀而葬，邻里称之。其时女之亲亦病，其兄嫂弟媳弃之不顾。泉曰："尔事[2]吾母若己母，今汝亲有病，吾亦当视尔亲为吾亲。"即随女归。永泉夫妇事之五年，竟复而得康。女之亲始悟：人之善与非，非钱财可衡，皆在乎心焉。

注释

① 二九：指十八岁。 ② 事：服侍。

阐发

释"取"通"娶"。上文"年三十而未取"中的"取"，通"娶"。这种现象在文言中叫"通假"，"取"是"娶"的通假字。又如"反"通"返"，"属"通"嘱"，"见"通"现"，"亡"通"无"等等。

启发与借鉴

善良的人永远受人尊敬。

练习

1. 解释文中加点的词。

① 且________ ② 邑________ ③ 附________ ④ 衡________

2. 翻译文中画线的句子。

吾亦当视尔亲为吾亲______________________________

鲁恭治中牟

鲁恭为中牟①令②，重德化，不任刑罚。袁安③闻之，疑其不实，阴使人往视之。随恭行阡陌④，俱坐桑下。有雉(zhì)过，止其旁，旁有儿童。其人曰：“儿何不捕之？”儿言雉方雏，不得捕。其人讶而起，与恭诀曰：“所以来者，欲察君之政绩也。今蝗不犯境，此一异也；爱及鸟兽，此二异也；儿童有仁心，此三异也。久留徒扰贤者耳，吾将速反，以状白安。”

注释

① 中牟：古地名。 ② 令：县令。 ③ 袁安：当时为郡太守。 ④ 阡陌：田间小路。

阐发

释“诀”。上文“与恭诀”中的“诀”，指“告别”。又，“欲远行，与家人诀”，意为想到远处去，与家人告别。又，“天雨，与友诀”，意为天将下雨，与朋友告别。

启发与借鉴

鲁恭治为中牟，政绩突出，上司袁安派人暗访，大喜而归。

练习

1. 解释文中加点的词。

① 阴________ ② 俱________ ③ 雏________ ④ 徒________

2. 翻译文中画线的句子。

重德化，不任刑罚________________________

张之万之马

张尚书[①]之万，畜[②]一红马，甚神骏，尝日行千里，不喘不吁。有军人见而爱之，遣人来买，公不许。固请，之万无奈，遂牵而去。不几日，马送回，之万怪之，询其故，曰："方乘，遂为掀下，连易[③]数人，皆掀坠，此乃劣马，故退之。"之万求之不得，遂退金收马。比公乘之，驯良如故。盖此马愿终身随主人也。

注释

① 尚书：职官名称。 ② 畜：畜养。 ③ 易：更换。

阐发

释"遣"。"遣"在文言中多作"派""派出"等解释。上文"遣人来买"，意为那军人派人来买。又，"遣使使秦"，意为派使者出使到秦国去；"张尚书遣之"，意为张尚书打发他走。"遣"和"遗"字形不同，含义也完全两样。

启发与借鉴

这匹马不被别人驯服，只有张之万骑才温顺善良。原来这匹马希望跟随原来的主人。

练习

1. 解释文中加点的词。

① 固________ ② 询________ ③ 方________ ④ 坠________

⑤ 比________ ⑥ 盖________

2. 翻译文中画线的句子。

① 公不许________________________________

② 之万怪之______________________________

救　火

雷声隆隆，雷电击中季家，刹时大火四起，众人闻之，男女老少出户相救。久未，火熄，然室中实物已罄(qìng)[①]，家徒四壁。救火者或伤于股，或创于臂。季家欲谢救火者，然家贫乏，无以为之。遂假贷于富家。救火者知之，皆辞。人曰："有福同享，有难同当。"此天祸也，食之无仁，不义也。

注释

① 罄：尽。

阐发

释"徒"。它是个多义词。上文"家徒四壁"中的"徒"，解释为只有，意为家中空空，只有四面的墙壁。又，"吾徒一技，能雕。"意为我只有一种本领，能雕刻。又，"贼徒三四人而已。"意为敌人只有三四个人罢了。

启发与借鉴

救火如救命，有仁爱之心的人都会出力灭火。这类事虽属偶然，但偶然的灾难，人们都有可能遇到。

练习

1. 解释文中加点的词。

① 徒________　② 股________　③ 假________　④ 辞________

2. 翻译文中画线的句子。

无以为之________________________________

吴氏修桥

吴氏宅[1]前，有一小桥，年久失修，摇摇欲坠。一日，有人牵牛而过，桥坏，人与牛均落水。幸得众相救，人与牛均安然。吴氏思之，若不之修，又有灾祸。幸家尚有少许钱，遂请工匠修复之。人嗤之曰："此非尔[2]过，何以为之修复。"吴氏曰："否，人应有仁心，有力者出力，有钱者出钱。"不多日，桥修复，人皆得以过。众人称其善。

注释

① 宅：住屋。 ② 尔：你。

阐发

释"尚"。上文"幸家尚有少许钱"中的"尚"，指还。意为幸亏家中还有少量钱财。

启发与借鉴

吴氏做了一件好事——修复断桥，并指出有钱者出钱，有力者出力，让后人受益匪浅。

练习

1. 解释文中加点的词。

① 坠________ ② 嗤________ ③ 过________ ④ 善________

2. 翻译文中画线的句子。

① 若不之修________________________________

② 何以为之修复____________________________

治 蛇 伤

予友李氏，以渔为生，尝[①]过户前。期翌日[②]中午共餐。次日逾午未至。吾怪之。李氏乃诚者也，未之失约，莫非有他事。遂骑驴而往视之。盖[③]为[④]蛇所伤，胫[⑤]如股，疼难忍。或曰某山中有"白草"可治。即为友入山觅此草药。得一束而回，碾碎成末，敷之于伤处。不日即愈。

注释

① 尝：常。 ② 翌日：明天。 ③ 盖：因为。 ④ 为：被。 ⑤ 胫：小腿。

阐发

释"期"。它是个多义词。上文"期翌日中午共餐"中的"期"，指约定。又，"两人相期，午后上山猎。"意为两个人相约定，午后进山打猎。又，"尔与吾期明年再会。"意为你跟我约定明年再见面。

启发与借鉴

友人被蛇所伤，"我"竭力相助，不管天黑路险，入山觅草药治之。仁爱之心，感天地泣鬼神。

练习

1. 解释文中加点的词。

① 予________ ② 逾________ ③ 诚________ ④ 股________

⑤ 觅________

2. 翻译文中画线的句子。

① 吾怪之____________________________

② 未之失约__________________________

闵之骞

闵之骞兄弟二人，母死，其父更娶，复生二子。子骞为其父御车，失辔(pèi)[①]，父持其手，寒，衣甚单。父归，呼其后母儿，持其手，温，衣甚厚。即谓妇曰："吾所以娶汝[②]，乃为吾子，今汝欺我，寒儿，汝去无留。"子骞前曰："母在，一子单；母去，四子寒。"其父默然，而后母亦悔之。

注释

① 失辔：抓不住缰绳。 ② 汝：你。

阐发

释"更"。它是个多义词。上文"其父更娶"中的更，指再，即父亲再娶。又，"更上一层楼"，意为再上一层楼。

启发与借鉴

闵之骞懂得从大处着想，如果把后母赶走，那么不仅兄弟二人要受冻，还会连累后母生的两个儿子。这种仁爱之心，世上少有。

练习

1. 解释文中加点的词。

① 复________ ② 御________ ③ 持________ ④ 去________

⑤ 亦________ ⑥ 悔________

2. 翻译文中画线的句子。

寒儿，汝去无留________________________

次非斩蛟

楚[1]有次非者，义士也，得宝剑于吴[2]。返而涉江，船至中流[3]，有两蛟[4]绕其船，风浪大作，舟中人皆恐。次非谓舟子[5]曰："子曾闻两蛟绕船而能活者乎？"舟子曰："未闻也。"次非曰："吾有宝剑，乃干将、莫邪[6]类也，可斩蛟除魔！"言已，攘臂袪（qū）[7]衣，跃入江中。瞬间，风止浪平，两蛟见杀，舟中人咸得活。

注释

① 楚：楚国。 ② 吴：吴国。 ③ 中流：江中。 ④ 蛟：传说中能发大水的龙。 ⑤ 舟子：船夫。 ⑥ 干将、莫邪：均为宝剑名。 ⑦ 袪：脱去。

阐发

释"已"。它指完、停止。上文"言已"，意为说完。又，"事已，归家。"意为事情办完，就回家。又，"大风已，遂行。"意为大风停止，就上路。

启发与借鉴

为了保全船中所有人的生命，次非用宝剑斩蛟除魔，可谓路见不平拔刀相助。次非的义勇之举，人人称赞。

练习

1. 解释文中加点的词。

① 作________ ② 恐________ ③ 见________ ④ 咸________

2. 翻译文中画线的句子。

子曾闻两蛟绕船而能活者乎________________________

曹彬称病

宋将曹彬(bīn)攻金陵[①],将克,忽称疾,诸将惊,皆来问疾,冀其早愈。彬曰:“余之病非药石[②]所能愈,唯需诸公共发诚心,自誓于克城之日,不妄杀一人,则自愈。”诸将许诺,当即焚香为誓,明日称愈。及克金陵,城中安堵如故[③],百姓如常。又,曹翰克江州,忿其久不下,城克,屠戮无余。

注释

① 金陵:“金陵”与下文的“江州”均为古地名。 ② 药石:药物与针灸。 ③ 安堵如故:形容十分安定。

阐发

释“克”。上文多次出现“克”字,均作“攻克”“攻下”解释。“克城之日”,意为攻下金陵城的那天;“城克”,意为江州城被攻下。又,《曹刿论战》:“既克,公问其故。”意为打败齐军后,鲁庄公问曹刿战胜的原因。

启发与借鉴

曹彬虽为将军,但心地善良。与之相反,曹翰是个残忍的人。两人截然相反。

练习

1. 解释文中加点的词。

① 诸________ ② 冀________ ③ 唯________ ④ 妄________

2. 翻译文中画线的句子。

诸将许诺______________________________

顾荣施炙

顾荣在洛阳，尝① 应人邀宴。席间，觉行炙人② 有欲炙之色，因辍己之炙而施焉。同座嗤之，曰："其仆也，焉施之？"荣曰："岂有终日烤之而不知其味者乎？"而后晋遭乱③，顾荣渡江而南，每历危急，常有一人相济。荣曰："尔何人也？"对曰："吾乃昔日受炙之人也。"

注释

① 尝：同"曾"。　② 行炙人：端烤肉的仆人。　③ 遭乱：指北方少数民族入侵。

阐发

释"焉"。"焉"是个文言虚词，它既可以作代词，也可以作疑问词、语气词等用。上文"辍己之炙而施焉"中的"焉"，指代端烤肉的仆人；"焉施之"中的"焉"，相当于"为什么"。又，成语"心不在焉"，意为心思不在这里(或那里)；"不入虎穴焉得虎子"，意为不深入虎穴怎么能逮住虎仔。

启发与借鉴

好心有好报。

练习

1. 解释文中加点的词。

① 辍________　② 施________　③ 嗤________

2. 翻译文中画线的句子。

常有一人相济________________________________

王力井中救童

王力者，额小、眼斜、鼻塌、嘴歪、指残，人称“五不全”。然心地善良。一日，有童坠枯井，井深，众人围①之，无以救。王力索②一长绳，曰：“此绳系我身，吾入井持童，众人曳吾上。”王力遂③入井，持童，众人竭力曳之上。儿得救。而后人皆不称其“五不全”，而曰其“好汉”。

注释

① 围：环绕。 ② 索：找来。 ③ 遂：就。

阐发

释“系”。上文“系我身”，指用绳捆住我的身体。又，“船系于柳下”，意为船扎住在柳树下。

启发与借鉴

人不可貌相，“五不全”面相难看，然心地善良，有童坠枯井，别人不敢救，他却见义勇为。

练习

1. 解释文中加点的词。

① 坠________ ② 持________ ③ 曳________ ④ 竭________

2. 翻译文中画线的句子。

无以救______________________________

崔　篆

崔篆为建新[①]郡守。时王莽改制[②]，爪牙[③]遍及各地，严刑峻法，杀戮无辜。篆所至之县，囚系满狱。篆垂涕曰："嗟(jiē)乎，刑罚酷烈，乃至于斯！此皆何罪！"遂为之平反，所出二千余人。吏叩头谏曰："君诚仁者，然今独君为君子，将有悔乎？"篆曰："吾无悔，纵杀吾一人而赎二千人，所愿也。"吏默然无以应。

注释

① 建新：古郡名。　② 王莽改制：指王莽篡权，改汉朝为新朝。　③ 爪牙：指(王莽的)党羽。

阐发

释"嗟乎"。"嗟乎"是个感叹词，相当于"唉"。上文"嗟乎，刑罚酷烈，乃至于斯"，意为：唉，残酷暴烈的刑罚，竟到这种地步！"嗟乎"与"呜乎"相近，这句话也可改写成"呜乎，刑罚酷烈，乃至于斯"。

启发与借鉴

"做官不为民做主，不如回家卖红薯。"崔篆为两千无辜者平反，故名留青史。

练习

1. 解释文中加点的词。

① 垂涕________　② 斯________　③ 谏________

2. 翻译文中画线的句子。

① 君诚仁者________________________________

② 吏默然无以应____________________________

何易于挽纤

何易于，不详何所人，及何以进[①]，为益昌令。县治距州四十里，刺史[②]崔朴常乘春与宾属泛舟出益昌旁，索民挽纤。易于身引舟。朴惊问状。易于曰："方春，百姓耕且蚕，唯令不事，可任其劳。"朴愧，与宾客疾驱去。

注释

① 进：做官。 ② 刺史：州的长官。

阐发

释"与"。"与"在文言中作"和""跟""给"解，这是容易理解的。上文"与宾属泛舟出益昌旁"及"与宾客疾驱去"中两个"与"，均作动词用，指"带领"，意为"崔朴带领宾属路过益昌""带领宾客骑马赶快离去"。

启发与借鉴

崔朴和何易于，一个是上司，一个是下级，但他们对待百姓的态度截然相反。一个是劳民，一个是安民。做官的就应该像何易于那样。

练习

1. 解释文中加点的词。

① 令________ ② 属________ ③ 出________ ④ 索________

⑤ 方________

2. 翻译文中画线的句子。

唯令不事________________________________

焦饭遗母

陈遗至孝。母好食釜(fǔ)①底焦饭。遗作郡主簿②,恒装一囊,每煮食,辄贮收焦饭,归而遗母。后值孙恩掠郡,郡守袁山松即日出征。时遗已聚敛得数斗焦饭,未及归家,遂携而从军。与孙恩战,败,军人溃散,逃走山泽,无以为粮,有饥馁而死者。遗独以焦饭得活,时人以为至孝之报也。

注释

① 釜:锅。　② 主簿:文书职员。

阐发

释"值"。文言中的"值",除了指"价值""钱财"外,主要作"碰上""遇到"等用。上文"值孙恩掠郡",意为正遇上孙恩来攻打郡城。又,"值暴雨",意为正碰上大雨;"值家无人",意为正巧家中没有人。

启发与借鉴

陈遗孝敬母亲,没想到数斗焦饭救了他的命。这叫好人总有好报。

练习

1. 解释文中加点的词。

① 恒________　② 辄________　③ 敛________　④ 馁________

2. 翻译文中画线的句子。

无以为粮______________________________

季札重诺

季札①将使②于晋③，持宝剑而行，过徐君④。徐君观剑，不言而色欲之。季子为有晋之使，未献也；然其心许之矣。反，徐君已死矣，悔之，于是解剑致嗣君⑤。嗣君曰：“先君无命，孤不敢受。”季子乃至墓，以剑悬徐君墓树而去。

注释

① 季札：春秋时吴国公子。 ② 使：出使。 ③ 晋：晋国。 ④ 徐君：徐国国君。 ⑤ 嗣君：国君继承人。

阐发

释“致”。“致”是个多义词，上文“致嗣君”中的“致”，指“送”“赠送”，意为把剑赠送给新的国君。现代书信中有“此致”，指把上面的情况报告（你或上级），同时表示敬意。“致敬”表达敬意。

启发与借鉴

季札一片诚心，怎能不使人既感动又钦佩？

练习

1. 解释文中加点的词。

① 过________ ② 色________ ③ 反________ ④ 先________

⑤ 孤________

2. 翻译文中画线的句子。

然其心许之矣________________________________

秦西巴纵麑

鲁之贵人孟孙①，猎得麑(ní)②，使秦西巴持归。其母随而鸣，秦西巴见其哀，纵而与之。麑随母而去。孟孙怒曰："吾猎得麑，尔纵之，何也?"秦西巴曰："但不忍耳。"孟孙逐秦西巴。居③一年，召以太子傅。左右曰："夫秦西巴有罪于君，今以为太子傅，何也?"孟孙曰："夫秦西巴以一麑而不忍，又安能亏吾子乎?"

注释

① 孟孙：当时有权势的贵族。　② 麑：小鹿。　③ 居：经过。

阐发

释"耳"。"耳"作为句末助词，相当于"罢了""了"。上文"但不忍耳"，意为只是不忍心罢了。又，"但求生耳"，意为只是为了求得生存罢了。"家贫，唯粥耳"，意为家里穷，只能吃粥了。

启发与借鉴

秦西巴放走了一只小鹿，可见他有仁慈之心，所以孟孙先赶走了他，后又召回来。两人都做得对。

练习

1. 解释文中加点的词。

① 持________　② 哀________　③ 但________　④ 逐________

⑤ 亏________

2. 翻译文中画线的句子。

纵而与之________________________________

徐立群夜遇骷髅

徐立群，南阳[1]人。夜经荒墓间，足踩骷髅[2]，大惊。回家后浑身发烧，胡言乱语。俟清醒后，说昨夜之事。翌日，儿子寻经墟墓处，见两骷髅，遂埋于旁破棺中。不意见棺中有二金手镯，二玉簪。不胜喜，携之归家。未久父病愈。

注释

① 南阳：古地名。 ② 骷髅：死人的头颅骨。

阐发

释“墟”。上文“寻经墟墓处”中的“墟”，指荒废。“墟墓”即荒坟堆。又“震后该地为墟”，意为地震后那里成了废墟。

启发与借鉴

徐立群是个善良的人。他埋葬骷髅，意外获得金手镯与玉簪，这是天赐善人。

练习

1. 解释文中加点的词。

① 俟________ ② 意________ ③ 胜________

2. 翻译文中画线的句子。

遂埋于旁破棺中________________________________

陈谏议教子

宋陈谏议[1]家有劣马，性暴，不可驭，蹄啮伤人多矣。一日，谏议入厩（jiù），不见是马，因诘仆："彼马何以不见？"仆言为陈尧咨售之商人矣。尧咨者，陈谏议之子也。谏议遽召子，曰："汝为贵臣[2]，家中左右尚不能制，商人安[3]能畜之？是移祸于人也！"急命人追商人取马，而偿其直[4]。戒仆养之终老。时人称陈谏议有古仁人之风。

注释

① 谏议：官职名称。　② 贵臣：朝廷中重臣。　③ 安：怎么。　④ 直：通"值"，价钱。

阐发

释"直"。上文"偿其直"中的"直"，同"值"，是"值"的通假字，意为还给商人买马的钱款。又，《卖炭翁》："系向牛头充炭直。"其中的"直"同"值"。又，"佣作而不取直"，意为给人做雇工而不收取报酬。

启发与借鉴

为人正直，不移祸于人，这是做人的应有品德。

练习

1. 解释文中加点的词。

① 驭________　② 厩________　③ 诘________　④ 彼________

⑤ 遽________　⑥ 制________　⑦ 戒________

2. 翻译文中画线的句子。

蹄啮伤人多矣________________________________

邓攸保侄

邓攸(yōu)，晋人也。有弟早亡，唯有一儿，曰遗民。时值动乱，胡人①入侵京城，掠②牛马。邓攸挈(qiè)妻孥(nú)亡，食尽，贼③又迫④，谓妻曰："吾弟早亡，但有遗民。今担⑤两儿，尽死。莫若弃己儿，怀遗民而走。"妻涕如雨。攸慰之曰："毋(wú)哭，吾辈尚壮，日后当有儿。"妻从之。

注释

① 胡人：匈奴人。 ② 掠：掠夺。 ③ 贼：敌人。 ④ 迫：靠近。 ⑤ 担：挑着。

阐发

1. 释"亡"。上文有两个"亡"："早亡"与"挈妻孥亡"。前者指死亡，后者指逃亡。"亡"还可以指"丢失""灭亡"等，这就是文言文中的一词多义的现象。

2. 释"毋、莫、弗、勿"。这四个文言虚词，都可以指"不""不要"。上文"毋哭"，也可以说"莫哭""弗哭""勿哭"。

启发与借鉴

敌兵迫近，弃侄子还是弃儿子，邓攸选择的是舍己为人。

练习

1. 解释文中加点的词。

① 值________ ② 挈________ ③ 孥________ ④ 但________

2. 翻译文中画线的句子。

① 莫若弃己儿________________________

② 怀遗民而走________________________

原谷收舆

原谷有祖，年老，谷父母厌憎，欲弃之。谷年十五，谏父曰："祖生儿育女，勤俭终身，岂有老而弃之者乎？是负义也。"父不从，作舆[①]，弃祖于野。谷随，收舆归。父曰："汝何以收此凶具？"谷曰："他日[②]父母老，无需更作此具，是以收之。"父惭，悔之，乃载祖归养。

注释

① 舆：手推的小车。 ② 他日：往后。

阐发

释"谏"。一般用来指下级对上级、小辈对长辈的规劝。上文"谏父"，意为规劝父亲。又，"大臣谏帝"，意为大臣们规劝皇帝。

启发与借鉴

父母是子女的榜样，原谷的父亲待老人不好，原谷看在眼里；同时，原谷也很聪明，他用"收舆"这种方法来规劝父亲改过。

练习

1. 解释文中加点的词。

① 厌________ ② 负________ ③ 更________ ④ 载________

2. 翻译文中画线的句子。

汝何以收此凶具______________________________

石虎为佣

明[1]之石虎，为人善。身强力壮，不幸家中失火，财物殆尽。后出门为佣，日出而作，日入而息，主人爱之。后知其家人遭此不幸，遂加倍遗佣资。石虎坚辞，曰："吾已足矣。"三年后，归家葺屋。主人以木料供之，不收值[2]。是年风调雨顺，得谷甚多。遂脱贫矣。

注释

① 明：明朝。 ② 值：钱。

阐发

释"殆"。上文"财物殆尽"中的"殆"，解释为"几乎"。句意为财物几乎全烧光。又，"匈奴军殆大败"，意为匈奴的军队几乎大败。又，"其父重病数年，殆卒"，意为他父亲患重病，几乎要死了。

启发与借鉴

石虎不贪财，勤力为主人耕作，主人愿多给他佣资，他拒绝了。好人有好报，后来"得谷甚多"，天赐好运。

练习

1. 解释文中加点的词。

① 佣________ ② 辞________ ③ 葺________ ④ 遂________

2. 翻译文中画线的句子。

遂加倍遗佣资________________________________

杨生之狗

广陵[1]杨生，畜一狗，甚怜之，行止与俱。后，杨生饮酒醉，仆于草泽中，眠不能动。时方冬月，野火燎原[2]，风势极盛。狗乃围旋杨生召唤，生醉不觉。前有一水坑，狗便走往水边沾湿，还，以身洒生左右草上。如此往复，生周围草尽湿，火至免焚。生醒，乃见之。

注释

① 广陵：古地名。 ② 燎原：指野火旺盛。

阐发

1. 释“月”。文言中的“月”，指“月亮”“日期”（如一月）等，这与现代汉语是一样的。“月”又可指季节，上文“冬月”是指冬季，不能理解为“冬天的一月”。又，“夏月”指夏季。

2. 释“省略”。省略句子成分是文言中常有的现象，上文“行止与俱”应按“[杨生]行止与[之]俱”理解，它省略了主语“杨生”和介词宾语“之”，翻译为：杨生出门或在家都跟它在一起。

启发与借鉴

动物亦有灵性！没有这条狗，杨生性命难保。

练习

1. 解释文中加点的词。

① 怜________ ② 仆________ ③ 走________

2. 翻译文中画线的句子。

火至免焚______________________________

“的卢”救刘备

刘备屯兵樊城①，刘表②礼焉，然惮其为人，不甚信用。尝请备赴宴，蔡瑁等欲因取备。备觉之，伪如厕，潜遁出。所乘马名“的卢”。备骑“的卢”走堕襄阳城西檀溪水中，溺③不能出。备急曰：“的卢，的卢！今日危矣！可努力。”“的卢”乃一踊三丈，遂④得以过水。

注释

① 樊城：古地名。 ② 刘表：当时的大豪强。 ③ 溺：溺水，淹没。 ④ 遂：才，终于。

阐发

释“如”。“如”在文言中可作动词用，相当于“到”“往”“去”，这在现代汉语中是没有的，因此要特别注意。上文“伪如厕”，意为假装去厕所。又，“如京”，意为到京城去；“如军中”，意为到军营中去。

启发与借鉴

马是最忠于主人的，没有“的卢”的跳跃，刘备将淹死在檀溪水中。

练习

1. 解释文中加点的词。

① 屯________ ② 因________ ③ 取________ ④ 堕________

⑤ 踊________

2. 翻译文中画线的句子。

① 然惮其为人________________________

② 伪如厕，潜遁出________________________

鳝 救 婢

高怀中，业鳝面于扬州①小东门，日杀鳝以千数。一婢悯之，每夜窃部分缸中鳝，从后窗投诸河，如是②累年。一日面店被焚，婢仓皇出逃，为火所伤，困于河滨。夜深入睡，比醒而痛减，伤尽愈。视之，有河中污泥，敷于伤处，而周有鳝之行迹，始知向所放生之鳝来救也。高怀中感其异，遂为之罢业。及拆锅，下有洞，生鳝无数盘其中，悉纵之于河。

注释

① 扬州：古地名。 ② 如是：像这样。

阐发

1. 释“诸”与“之于”。“诸”与“之于”在文言中常可互用互解。上文“从后窗投诸河”，即可按“从后窗投之于河”理解，而“悉纵之于河”，也可说成“悉纵诸河”。

2. 以千数。“以千数”意为用千来计算，即数千条，“日杀鳝以千数”，即每天宰鳝好几千条。如果理解为一千条或约一千条，都是不对的。“以百数”即几百；“以十数”即几十。

启发与借鉴

俗话说：“送人玫瑰，手有余香。”女仆放鳝，后来鳝救了她，爱是互相的。

练习

1. 解释文中加点的词。

① 业________ ② 累________ ③ 比________ ④ 罢________

2. 翻译文中画线的句子。

一婢悯之________________________________

李 传 世

李氏夫妇，年四十许，无子。收养一十余岁孤儿，取名曰“传世”。传世聪颖异常，过目不忘。师邑中刘老二，学业大进。二十而中举[1]，任淮阴[2]令。后迁东海郡守。与民同筑堤修路，一如平民。父母年老，遂赁屋于府侧。公事之余，随时探之。父母衣食无忧，曰：“初收传世，非误也。”众皆言传世至孝。帝闻之，赐额[3]以彰之。

注释

① 中举：科举考试中了举人。举人是一种身份，可做官。 ② 淮阴：古地名。 ③ 额：匾额。

阐发

释“迁”。一般指官员提升。传世先为淮阴令，“后迁东海郡守”意为后来升任东海郡太守。又，“自守迁至刺史”，意为从郡守提升为州的长官。

启发与借鉴

一个孤儿，被李氏收养，报答他们的是“至孝”，这叫不忘本，有良心。

练习

1. 解释文中加点的词。

① 许________ ② 邑________ ③ 令________ ④ 一________

⑤ 忧________ ⑥ 彰________

2. 翻译文中画线的句子。

遂赁屋于府侧________________________

何仁之子

何仁者，常州[①]人也，年五十而有疾，不得耕作。而儿在他乡为佣，妻代为之，日出而作，日入而息。何曰："尔苦矣。"妻曰："家中事，何苦之有！"越三载，妻亦伤，手足不便。儿闻之，亟反家，代为耕作。且延医为父母治疾。天赐良机，风调雨顺，比年丰收。父母之疾亦愈。

注释

① 常州：古地名。

阐发

释"载"。上文"越三载"中的"载"，指年，意为过了三年。又，"去家五载"，意为离家五年。又，"苦学五载，竟成"，意为刻苦学习五年，终于成功了。又，"十载无音信"，意为十年没消息。

启发与借鉴

何仁之子不仅代替父母耕作，而且请医生为他们治病，称得上孝子。

练习

1. 解释文中加点的词。

① 得________ ② 他________ ③ 佣________ ④ 越________

⑤ 亟________ ⑥ 延________ ⑦ 比________

2. 翻译文中画线的句子。

何苦之有________________________

周氏售羊

周氏售羊，人有欲市之，曰："二银。"人抚摸羊周身，觉羊已有孕[①]。曰："三银。"周氏怪之：吾欲二银，是人则言三银，安有值高者，非良人也。其人实言，羊不久将生羔，若得二羔，则为三羊矣。周氏服其量，遂三银售之。两者皆欢。

注释

① 孕：怀孕。

阐发

释"欲"。上文"吾欲二银"中的"欲"，解释为想要。又，"吾欲上泰山一游"，意为我想上泰山玩一次。又，"树欲静而风不止"，意为树想安静，而风不停地吹。又，"吾欲与尔交友"，意为我想跟你交个朋友。

启发与借鉴

那个想买羊的人，确实是个忠厚老实的人。做人就是要这样。骗人是恶劣的行为。

练习

1. 解释文中加点的词。

① 售________　② 市________　③ 周________　④ 是________

⑤ 良________　⑥ 羔________　⑦ 量________

2. 翻译文中画线的句子。

① 周氏怪之________________________________

② 安有值高者______________________________

爱　鸟

吾昔少时所居书室，前有竹柏杂花，丛生满庭，众鸟巢其上。母恶杀生，诫儿童婢仆不得捕取鸟鹊，故数年间鸟鹊皆巢于低枝，其雏可俯而窥也。又有桐花凰[①]四五百，日翔集其间。此鸟数十里之内难见，而能栖于其间，殊不畏人。乡里闻之，以为异事，咸来观。此无他，人之仁爱，信于异类也。

注释

① 桐花凰：鸟名。

阐发

释“庭”。上文“丛生满庭”中的“庭”，指院子。又，“庭有树五株”，意为院子里有五棵树。又，“庭中落叶无数”，意为院子有无数落叶。

启发与借鉴

因为主人仁爱，所以鸟聚集四五百只，人们以为奇怪，其实乃仁慈所得。

练习

1. 解释文中加点的词。

① 昔________　② 巢________　③ 恶________　④ 生________

⑤ 殊________　⑥ 咸________

2. 翻译文中画线的句子。

① 其雏可俯而窥也________________________

② 信于异类也________________________

李密侍奉祖母

李密，西晋武阳[①]人，字令伯。早孤，母再适，祖母刘氏养之。少仕蜀[②]，蜀亡，晋武帝[③]征为太子洗马[④]，不受命，或疑其不欲归晋，武帝遣人再三趣之，乃上书[⑤]，其文曰：臣密今年四十有四，祖母刘今年九十有六，是臣尽节[⑥]于陛下之日长，报养刘之日短。其言诚而凄。帝悯之。刘氏卒，遂至京师任职。

注释

① 武阳：古地名。 ② 蜀：指三国时的蜀国。 ③ 晋武帝：即司马炎，晋朝开国皇帝。 ④ 太子洗马：陪侍皇太子读书的官员。 ⑤ 书：指《陈情表》。 ⑥ 尽节：效力。

阐发

释“悯”。上文“帝悯之”中的“悯”，指“同情”。又，“其父暴，邻人悯其心”，意为他父亲突然死亡，邻居同情他儿子。又，“是恶人，勿悯之”，这是坏人，不要同情他。

启发与借鉴

祖母养大孙子，孙子宁愿不做官也要陪伴在祖母身边，为她养老。两人相依为命数十年，此情此义，一般人是难以做到的。

练习

1. 解释文中加点的词。

① 孤______ ② 适______ ③ 遣______ ④ 趣______

⑤ 是______ ⑥ 诚______ ⑦ 凄______

2. 翻译文中画线的句子。

或疑其不欲归晋________________

杨氏力守项城

唐德宗建中[①]年间，李希烈叛[②]，陷汴州，谋袭陈州。李侃为陈州项城[③]令，以城小贼众，欲弃城而逃。其妻杨氏曰："贼至当守城，力不足，则死。君弃城而遁[④]，谁守？"侃犹不决，妻曰："请重赏募死士！"侃乃召吏民议曰："尔等生于斯，祖辈坟墓在焉，岂可忍贼人蹂躏！"众泣，誓与城同死生。遂与贼战于城外，侃中流矢[⑤]，还家，妻责曰："君不在阵，谁肯固守？死于外，犹愈于床也。速往督战！"侃即登城，士气大振。会贼将中矢死，遂引兵而去。项城卒完。

注释

① 建中：唐德宗的年号。此事发生在"安史之乱"之后。　② 叛：指背叛朝廷。③ 项城：古地名。　④ 遁：逃跑。　⑤ 流矢：乱箭。

阐发

释"完"。上文"项城卒完"中的"完"，指"完整""保全"。又，"家无完衣"，意为家中没完整的衣服。又，"幸众人救火，家完"，幸亏大家来灭火，家中完整无损。

启发与借鉴

杨氏不让丈夫弃城而逃，即使他中了乱箭，还鼓励他上前线督战，最后他成了英雄，救了全城百姓的生命。

练习

1. 解释文中加点的词。

① 陷________　② 令________　③ 焉________　④ 泣________

⑤ 会________　⑥ 引________

2. 翻译文中画线的句子。

① 君弃城而遁，谁守________________________

② 尔等生于斯________________________________

③ 死于外，犹愈于床也____________________

瓮 中 小 人

清康熙年间，有艺人携一瓮(wèng)①，瓮藏小人，长约尺许。投以钱，则启盖令小人出，唱曲而退。至掖(yè)②，掖令索瓮入署，细审小人出处。初不敢言。令固诘之，方自述其乡与族。盖③读书童子，一日自塾中归，路遇艺人，为其迷，复投以药，四肢遂暴缩。彼遂携之，以为戏具。令怒，杖杀艺人。

注释

① 瓮：口小腹大的陶制盛器。 ② 掖：古地名。 ③ 盖：原来是。

阐发

释“诘”。“诘”指“问”或“责问”。上文“令固诘之”，意为县令坚持问他。又，“众人诘其所携何物”，意为大家问他携带的是什么东西。

启发与借鉴

县令做得好！对此类残害幼童的人应当以死来惩罚。

练习

1. 解释文中加点的词。

① 许________ ② 启________ ③ 退________ ④ 索________

⑤ 署________ ⑥ 方________ ⑦ 迷________ ⑧ 暴________

⑨ 缩________ ⑩ 彼________ ⑪ 具________

2. 翻译文中画线的句子。

① 细审小人出处________________________________

② 杖杀艺人________________________________

唐临为官

唐临为万泉[①]丞[②]。县有囚十数人，皆因未入赋而系。会暮春时雨，乃耕作佳期。唐临白县令：“囚人亦有妻儿，无耕作何以活人，请出之。”令惧其逸[③]，不许。唐临曰：“明公[④]若有所疑，吾自当其罪。”令因请假归乡。临悉召囚令归家耕作，并与之约：农事毕，皆归系所。囚等感恩，至时毕集县狱。临由是知名。

注释

① 万泉：古县名。 ② 丞：县官的下属。 ③ 逸：逃走。 ④ 明公：对县官的尊称。

阐发

释“系”。上文“皆因未入赋而系”“皆归系所”中的“系”，指“关押”。又，“系者百余人”，意为被关押的有一百多人。又，“无辜而系”，意为没罪而被关押。

启发与借鉴

唐临作为县丞，让因交不起税而被关押的人在春耕期间回家耕作，心肠真好。做官的就是要为百姓着想。

练习

1. 解释文中加点的词。

① 赋________ ② 会________ ③ 佳________ ④ 白________

⑤ 出________ ⑥ 许________ ⑦ 当________ ⑧ 悉________

2. 翻译文中画线的句子。

无耕作何以活人________________________

巴延三毁“驴香馆”

山西省城外有酒肆，所烹驴肉最香美，远近闻名，群呼曰“驴香馆”。其法以草驴一头，养之至肥，先醉以酒，后满身排打①。欲割其肉，先钉四桩，将驴足缚住，又以木一横于背，系其头尾，使不得动。后以汤沃②其身，去其毛，再以锐刃零割。驴惨号，仁者不忍睹。客欲啖前后腿，或肚当，或背脊，或头尾，各随其便。当客下箸③时，其驴尚未死绝也。后巴延三为山西长，下令毁“驴香馆”，为首者斩，其余俱充军戍边，并勒石永禁。

注释

① 排打：一一打过去。 ② 沃：浇。 ③ 箸：筷子。

阐发

释“系”。它是个多义词。上文“系其头尾”中的“系”，指捆扎住。

启发与借鉴

如此吃驴肉，仁者惨不忍睹，故巴延三对为首者杀，其余的均充军。

练习

1. 解释文中加点的词。

① 肆________ ② 至________ ③ 汤________ ④ 啖________

⑤ 长________ ⑥ 勒________

2. 翻译文中画线的句子。

先醉以酒________________________________

周侃辞古币

吾与周侃，自幼为友。后周去十里外为贾，然常有往来。吾至其家，款待甚周。若有疾，则亟来探，并延①医为吾治之。吾曰：“予年且七旬，有事相告。”周问：“何事？”吾不应。后病重，周侃又来。吾曰：“吾有古币三四，欲贻尔。”周固辞。吾固欲与之。乃于笈中出古币，盖殷②之钱也。周取其一，售得百金③。

注释

① 延：邀请。 ② 殷：商朝。 ③ 金：此指银子。

阐发

释“辞”。它是个多义词。上文“周固辞”中的辞，指婉言拒绝。又，“友人与吾一幅画，吾不辞而受之。”意为朋友送我一幅画，我不拒绝而收下。又，“吾欲酬之，其固辞。”意为我想用财物报答他，他坚决拒绝。

启发与借鉴

把古币赠送友人，而且价值不菲，可见双方友谊之深厚。

练习

1. 解释文中加点的词。

① 去________ ② 贾________ ③ 周________ ④ 亟________

⑤ 且________ ⑥ 应________ ⑦ 贻________ ⑧ 固________

2. 翻译文中画线的句子。

乃于笈中出古币________________________________

卢 仁 与 鹤

卢仁畜[1]二鹤，甚驯，后一创死，一哀鸣不食，卢仁勉力饲之，乃就食。一旦[2]，鹤鸣绕卢侧。卢曰："尔欲去，吾不尔羁也。"鹤振翅云际，徘徊再三，乃去。卢老病无子，后三年，归卧乡间，晚秋萧索，曳杖林间。忽见一鹤盘空，鸣声凄切。卢仰曰："若非我侣也？果是，即下之。"鹤竟翩翩而下，投入卢怀中。以喙牵衣，旋舞不释，遂引之归。卢视之如赤子，鹤亦知人意，侍卢若亲人。后卢仁殁(mò)[3]，鹤终不食而死，族人葬之墓左。

注释

① 畜：畜养，饲养。 ② 旦：早晨。 ③ 殁：死。

阐发

释"不尔羁"的语法现象。这是个倒置的句式，应按"不羁尔"理解，羁指"束缚"，意为"不束缚你"。又，"不尔责"，即"不责尔"，意为不责备你。

启发与借鉴

卢仁与鹤，如同父子。一个爱子，一个爱父，互相陪伴到老。

练习

1. 解释文中加点的词。

① 驯________ ② 创________ ③ 勉________ ④ 乃________

⑤ 曳________ ⑥ 切________ ⑦ 若________ ⑧ 侍________

2. 翻译文中画线的句子。

若非我侣也________________________

神　龟

湘[①]之滨有田父[②]焉，于植[③]谷时得一龟，足伤难行，怜而携之归。三年，龟大，见家人近，则昂首相视，甚亲。田父自念，龟乃野生之物，其性自由，故放诸[④]河。后二年，其子自学府归，见户外有龟，俯而视之，乃昔日之物也，讶之。其家视之如子，日三餐，冬则曝于庭，夏则凉于阴。其子曰："吾家饲之多年矣，宜归生。"田父乃于其背镌姓氏，携之百里外，自桥投之河。龟上浮者三，然后去。后五年，龟又见[⑤]于户前沟中，举家怪之。村人闻，咸曰："真神龟也！"

注释

① 湘：古地名。　② 田父：种田男子。　③ 植：种。　④ 诸：之于。　⑤ 见：出现。

阐发

1. 释"三"。"三"是个数词，它在文言中既可作实数用，也可作虚数用。上文"三年"中的"三"，即实数，而"龟上浮者三"，既可理解为"三次"，又可理解为"多次"，而且按作虚数用，解释为"多次"更好。又，杜甫《茅屋为秋风所破歌》："八月秋高风怒号，卷我屋上三重茅。""三重茅"应理解为"好多层茅草"。

2. 释"见"。上文"龟又见于户前沟中"中的"见"，同"现"，是"现"的通假字，解释为"出现"。又，《敕勒歌》："风吹草低见牛羊。""见牛羊"意为牛羊显露出来了。

启发与借鉴

田父家对这只龟十分仁慈，一日三餐，冬天给它晒太阳，夏天把它放在阴凉处，照顾得无微不至，所以即使多次放生，它仍设法要回到主人家。田父的仁爱之心感动了它。

练习

1. 解释文中加点的词。

① 念________　　② 俯________　　③ 曝________　　④ 庭________

2. 翻译文中画线的句子。

① 故放诸河________________________

② 讶之____________________________

③ 举家怪之________________________

华隆之犬

华隆好猎，畜[①]一犬，号曰“的尾”，每出必从。一日，隆至江边，为大蛇围绕周身。犬遂奋而咋(zé)蛇，蛇死焉。而隆僵仆于地，不省人事。犬疾走至家，嗥吠不止。家人怪之，因随犬往，见隆闷绝[②]委[③]地。车载归家，二日乃苏。隆未苏之间，犬终不食。自此爱怜[④]，如同亲戚焉。

注释

① 畜：同蓄，养。 ② 闷绝：窒息。 ③ 委：倒。 ④ 怜：爱。

阐发

释“亲戚”。这个词语古今含义有差异。现代人所说的“亲戚”，是指姨妈、娘舅、表兄弟等，而古人所说的“亲戚”是指“亲属”与“戚属”两类人。“亲属”指直系的父母兄弟姐妹等，“戚属”指姨妈、娘舅、表兄弟等。上文“如同亲戚”中的“亲戚”，既指“亲属”，又指“戚属”。

启发与借鉴

动物也是有感情的，你爱它，它也爱你。华隆得救，全靠家犬，否则必死无疑。

练习

1. 解释文中加点的词。

① 周______ ② 咋______ ③ 仆______ ④ 省______

2. 翻译文中画线的句子。

① 犬疾走至家，嗥吠不止__________________

② 家人怪之__________________

③ 车载归家，二日乃苏__________________

王华之犬

饶州[1]民章华，常樵采入山。其年冬，比邻有王华者，同上山采柴，犬亦从之。忽有一虎自榛（zhēn）[2]中跃出，搏王华，华立仆，然未伤。虎踞（jù）[3]于地，少息。章华叫喝且走，虎遂舍王华而逐章华。时犬潜莽中，见章被衔，突出跃上虎头，咋虎之鼻。虎不意其来，惊惧而走。二人皆僵卧如沉醉者。其犬吐涎水救之。如此数次，章稍苏。犬复以此救王。良久，王亦起。犬惫，伏不能起，是夕即毙。

注释

① 饶州：古地名。 ② 榛：树丛。 ③ 踞：蹲，坐。

阐发

释“从”。“从”从字形上看似一个人跟着另一个人，因此指“跟随”，引申为“听从”“服从”。上文“犬亦从之”，意为狗也跟随他。又，“从者百余人”，意为跟随的有一百多人。成语“言听计从”，意为对对方说的想的都听从。

启发与借鉴

章华不死，幸亏这条狗救了他一命。这狗极机敏，竟跃上虎头，咬它的鼻子，这是老虎所想不到的。

练习

1. 解释文中加点的词。

① 樵________ ② 比________ ③ 从________ ④ 搏________

⑤ 仆________ ⑥ 少________ ⑦ 逐________ ⑧ 涎________

⑨ 稍________ ⑩ 苏________ ⑪ 良________ ⑫ 毚________

2. 翻译文中画线的句子。

① 突出跃上虎头，咋虎之鼻________________________________

② 是夕即毙________________________________

祭　祖

宋①时有周氏者，羊生二羔，方乳。又有母鸡二，且②孵卵出雏。年值终，将宰羊杀鸡以祭③祖。女儿曰："杀羊者，二羔安得存，杀鸡者，鸡将出雏。"父曰："祖父母待尔甚善，何为不杀？"女儿曰："祖父母生前仁人也，常茹素，不愿多杀生。今杀生，非祖之愿也。"父听女儿言之有理，遂勿杀。女儿曰："举④家和睦相处，乃祖之愿也。"遂向遗像磕头再拜，以示祭祖。

注释

① 宋：宋朝。 ② 且：将。 ③ 祭：祭祠。 ④举：全。

阐发

释"善"。它是个多义词。上文"祖父母待尔甚善"中的善，指好。又，"此橘甘，甚善。"意为这橘子甜美，很好。又，"尔待吾善，吾亦应待尔善。"意为你对待我好，我也要对你好。

启发与借鉴

用什么来祭祖？一般人都以杀牲畜烹煮后祭祠。周氏女儿独有见解，因为宰羊则二羔无乳可喂；杀鸡则卵破雏死，这不是仁人所干的。

练习

1. 解释文中加点的词。

① 方________　② 乳________　③ 值________　④ 茹素________

2. 翻译文中画线的句子。

二羔安得存________________________________

一钱太守

刘宠任会稽[①]太守，除苛政，禁非法，郡中大治。朝廷征[②]为将作大匠[③]。山阴县[④]有五六叟(sǒu)，自若耶[⑤]谷间出，人赍(jī)百钱以送宠，曰："山谷鄙人，未尝识朝政。他守时，吏索求民间，至夜不绝，或狗吠竟夕，民不得安。自明府[⑥]来，狗不夜吠，民不见吏；年老值圣明，故相扶而送。"宠曰："吾之政何能及公言邪？父老辛苦！"叟奉以钱，宠不能辞，遂各选一钱受之。

注释

① 会稽：古地名。 ② 征：征诏。 ③ 将作大匠：主管土木工程的官员。 ④ 山阴县：古地名。 ⑤ 若耶：山名。 ⑥ 明府：对太守的尊称。

阐发

释"鄙"与"鄙人"。"鄙"本指边远的地方，现代汉语中的"边鄙"，是同义复音词语。"蜀之鄙"，指四川边远的地方；"荆州之鄙"，是指荆州边远的地方。在古代，边远地方的人往往孤陋寡闻，少见识，因此"鄙"又指见识不多。"鄙人"指少见识的人。上文"山谷鄙人"，意为山沟里的少见识的人。后"鄙人"又作自谦之词，即"我"。

启发与借鉴

刘宠做官，爱民如子。他临走时，有人远道送行，一定要他收下铜钿。他的政绩可想而知。

练习

1. 解释文中加点的词。

① 治________　② 叟________　③ 赍________　④ 他________

⑤ 守________　⑥ 值________　⑦ 辞________

2. 翻译文中画线的句子。

① 或狗吠竟夕________________________________

② 吾之政何能及公言邪________________________________

梁上君子

陈实，东汉人也，为人仁厚。时[①]岁荒民馁，有盗夜入其室，栖[②]于梁上。实阴见之，乃起整衣，呼儿孙起，正色训之曰："夫[③]人不可不自勉。不善之人，未必本恶，习以成性，遂至于斯。"儿孙曰："谁也？"实指梁上盗，曰："梁上君子者是也。"盗大惊，自投于地，叩头归罪。实徐谕之曰："视君状貌，不似恶人，宜省己以为善。"实知其贫，乃令人与之绢二匹。自是[④]一县无复盗窃。

注释

① 时：正值。 ② 栖：躲。 ③ 夫：发语词，无实义。 ④ 自是：从此。

阐发

1. 释"正色"。"正色"指表情严肃。上文"正色训之"，意为陈实表情严肃地教育儿孙。

2. 释"斯"。上文"遂至于斯"中的"斯"，解释为"这(地步)"。又，"斯地美"，意为这里美丽。又，"斯为何人？"意为这是什么人？

启发与借鉴

陈实的做法告诉我们为人要宽容别人，要给别人改过自新的机会。

练习

1. 解释文中加点的词。

① 馁________ ② 阴________ ③ 归________ ④ 省________

2. 翻译文中画线的句子。

① 习以成性________________________

② 实徐谕之________________________

七擒孟获

建兴三年①，诸葛亮率军至南中②，所战皆捷。闻有孟获者，为夷汉所服，于是令生致之。既得，亮使观营阵，曰："此军如何？"获对曰："向不知虚实，故败。今蒙③使观营阵，若止如此，定能胜！"亮笑，心知获尚不服，纵之使更④战。七纵七擒，而亮犹欲释获。获曰："公天威，南人不复反矣。"于是亮进军，南中平。

注释

① 建兴三年：公元 225 年，建兴是蜀国皇帝的年号。 ② 南中：古地名。 ③ 蒙：承蒙。 ④ 更：再。

阐发

释"为……所……"，这是文言中表示被动的句式，相当于"被"。上文"为夷汉所服"，意为被当地夷人和汉人敬服。"为人所杀"，意为被他人杀死。

启发与借鉴

诸葛亮七擒孟获，又七次放了他，使孟获心悦诚服，感恩戴德。这个故事不仅让我们读到了诸葛亮的足智多谋，同时也说明了一个道理：宽容待人，就可以获得别人的真心。

练习

1. 解释文中加点的词。

① 既________ ② 向________ ③ 止________ ④ 纵________

2. 翻译文中画线的句子。

令生致之________________________________

猿　子

武平[①]产猿，猿毛若金丝，闪闪可观。猿子尤奇，性可驯，然不离母。母黠，人不可逮。猎人以毒附矢，伺母间[②]射之。中母，母度不能生，洒乳于树，饮子。洒已，气绝。猎人向猿子鞭母，猿子悲鸣而下，束手就擒。每夕必寝皮[③]乃安，甚者辄抱皮跳跃而毙。嗟(jiē)夫[④]！猿子且知有母，不爱其身，况人也耶？世之不孝子孙，其于猿子下矣！

注释

① 武平：古地名。　② 间：不注意时。　③ 皮：指母猿的皮。　④ 嗟夫：唉。

阐发

释“其”。“其”有时可作语气副词用，相当于“大概”“恐怕”“难道”等。上文末句“其于猿子下矣”中的“其”，相当于“恐怕”“大概”，意为恐怕在小猿之下了，或大概连小猿也比不上。

启发与借鉴

父母爱子女，子女爱父母，本是人之天性。然而世上无此天性、良知泯灭的大有人在，他们连禽兽也不如！

练习

1. 解释文中加点的词。

① 驯________　② 黠________　③ 矢________　④ 度________

⑤ 已________　⑥ 乃________　⑦ 辄________　⑧ 毙________

⑨ 爱________

2. 翻译文中画线的句子。

其于猿子下矣________________________

楚有献凤凰者

楚人有担山鸡者，路人问曰："何鸟也？"担者欺之曰："凤凰也。"路人曰："我闻有凤凰久矣，今实见之。汝卖之乎？"曰："然。"乃酬千金，弗与之，请加倍，乃与之。方将献楚王，经宿①而鸟卒。路人不惜其金，而怅②不得献。国人传之，闻于楚王。王感其欲献己也，召而厚赐之，过买凤凰之直③十倍。

注释

① 经宿：经过一夜。　② 怅：遗憾。　③ 直：通"值"，抵得上。

阐发

词序倒置现象。文言中词序倒置的现象相当多，如动词谓语和宾语的倒置，称"动宾倒置"；主语和谓语的倒置，称"主谓倒置"。上文"闻于楚王"是状语与谓语的倒置。按正常情况，状语应该在前，谓语在后，即"于楚王闻"，意为被楚王听到了。

启发与借鉴

路人的诚心打动了楚王，因而因祸得福。

练习

1. 解释文中加点的词。

① 然________　　② 酬________　　③ 方________　　④ 卒________

2. 翻译文中画线的句子。

① 汝卖之乎________________________________

② 弗与之________________________________

张五悔猎

休宁县[1]有村民张五，以猎为生。张尝[2]逐一母鹿。鹿将二仔行，不能速，遂为张五所及。母鹿度不可免[3]，顾[4]旁有浮土[5]，及引[6]二仔下，拥土覆之，而身投于张五网中。值张母出户，遥望见，遂奔至网所，具以所见告子。即破网出鹿，并二仔亦纵[7]之。张母曰："人有母子之情，畜亦有之。吾不忍见母死仔孤，故破网纵仔。"张五闻之，心感动焉。由此焚网，永不复猎。

注释

① 休宁县：古县名。 ② 尝：曾经。 ③ 免：避免，指逃脱。 ④ 顾：回头看。⑤ 浮土：疏松的泥土。 ⑥ 引：带领。 ⑦ 纵：释放。

阐发

释"遂"。上文"遂奔至网所"中的"遂"，解释为"就"。句意为就奔到张五设网的地方。又，"翌日，遂行"，意为第二天，就走了。又，"遂与家别，而从戎"，就跟家人分别，去投军。

启发与借鉴

人与动物，虽无语言相通，但人可以设身处地地为动物考虑。张母就是因为有了这点思想，便"破网出鹿，并二仔亦纵之"。

练习

1. 解释文中加点的词。

① 逐________ ② 将________ ③ 及________ ④ 度________

2. 翻译文中画线的句子。

具以所见告子______________________________

天　仙　配

汉董永，千乘①人也。早丧母，与父居，每出外耕作，忧父孤，常以小车载而自随。父亡，无以葬，乃自卖为奴，以供丧事。主人知其孝，与钱一万②。永守丧③三年毕，往主人家为奴。道逢一妇人，曰："愿为子妻。"遂与俱往。永曰："蒙君之惠，父丧已毕，永虽小人，愿勤劳致力，以报大德。"主人曰："妇人何能？"妇曰："能织。"主人曰："必尔者④，但令尔妇为我织绢百匹。"于是永佣力耕作，妻为主人织，十日而百匹成。永怪⑤其速，妻曰："我，天之织女也。缘君至孝，天帝令我下凡为尔偿债。"语毕，凌空而去，不知所往。

注释

① 千乘：古地名。　② 一万：指一万个铜钿。　③ 守丧：守灵。　④ 必尔者：一定要这样。　⑤ 怪：感到奇怪。

阐发

释"缘"。"缘"是个多义词。上文"缘君至孝"中的"缘"，指"因为"，意为因为你极孝。又，苏轼《题西林壁》："不识庐山真面目，只缘身在此山中。""只缘"指"只因为"。另外，"缘"可以解释为"沿着"，如《桃花源记》："缘溪行，忘路之远近"。

启发与借鉴

董永的孝顺与勤劳，感动了上帝。

练习

1. 解释文中加点的词。

① 孤________ ② 毕________ ③ 子________ ④ 致________

2. 翻译文中画线的句子。

① 无以葬________________________________

② 遂与俱往______________________________

春风风人

孟简子相梁[①]并卫[②]，有罪而走齐。齐相管仲迎而问之曰："吾子[③]相梁并卫之时，门下使者几何？"孟简子曰："门下使者有三千余人。"管仲曰："今与几何人来？"对曰："臣与三人俱。"管仲曰："是何也？"对曰："其一人父死无以葬，我为葬之；一人母死无以葬，亦为葬之；一人兄有狱，我为出之。是以得三人来。"管仲曰："嗟(jiē)乎[④]！我穷必矣[⑤]！吾不能以春风风人[⑥]，吾不能以夏雨雨人，吾穷必矣。"

注释

① 梁：指魏国。 ② 卫：卫国。 ③ 吾子：你。 ④ 嗟乎：感叹词，唉。 ⑤ 我穷必矣：我必定会窘困。 ⑥ 春风风人：像春风一样善待别人。后一个"风"，名词作动词用，意思是关怀、轻轻地吹拂。

阐发

1. 释"与"。"与"常作连词或介词用，相当于"和""跟"，但它又可作动词用，指"带领"。上文"今与几何人来""臣与三人俱"，意为今天带了多少人来、我带了三个人同来。又，"宋将与士卒冒雪而进"，意为宋朝将领带着士兵冒雪前进。

2. 释"无以"。"无以"是个文言固定词组，相当于"没法用来……"。上文"无以葬"，意为没有条件来埋葬。又，"无以活"，意为没办法活下去。

启发与借鉴

真诚地帮助有特殊困难的人，就像春风风人、夏雨雨人一样。

练习

1. 解释文中加点的词。

① 并________　　② 俱________　　③ 亦________

2. 翻译文中画线的句子。

我为出之______________________________

郑板桥开仓济民

郑燮(xiè)，号板桥，清乾隆元年进士①，以画竹、兰为长，世称扬州一怪。曾任范县②令，爱民如子。室无贿赂，案无留牍。公之余辄与文士畅饮咏诗，有忘其为长吏③者。调潍县④，值岁荒，人相食。燮开仓赈济，或阻之，燮曰："此何时，若辗转申报，民岂得活乎？上有谴，我任之。"即发谷与民，活万余人。去任之日，父老沿途送之，其感恩戴德如此。

注释

① 进士：科举考试中获得的身份。 ② 范县：古县名。 ③ 长吏：长官。 ④ 潍县：古地名。

阐发

释"谴"。"谴"指"批评""责备"。上文"上有谴，我任之"，意为如果皇帝批评，我承担责任。现代汉语有"谴责"一词。

启发与借鉴

郑板桥爱民如子，敢担责任，所以受到百姓爱戴。

练习

1. 解释文中加点的词。

① 令________ ② 辄________ ③ 济________ ④ 任________

2. 翻译文中画线的句子。

① 案无留牍________________________________

② 值岁荒，人相食____________________________

狗亦有灵

杨生养一犬，甚爱之。一日，生夜行，堕于涸井中。狗吠彻夜。旦日①，有行人过，见犬对井号，怪之。往视，见井中有人。生曰："君若出②我，当厚报。"行人曰："以此犬见与③，便当出尔。"生曰："此犬曾数次活④我，不得见与，其余一切均可。"行人曰："若不与我，便不出尔。"其时，犬引颈下视井中，生知其意，遂应之。杨生出，行人系犬而去，犬时时顾。后五天，犬夜走归杨生家。

注释

① 旦日：第二天早晨。 ② 出：救出 ③ 与：给。 ④ 活：救。

阐发

1. 释"见"。文言中的"见"有一个很特殊的用法，它可以指代人、事、物。上文"以此犬见与"中的"见"，指代"我"，意为把这条狗送给我；"不得见与"中的"见"，指代"你"，意为不能给你。

2. 释"走"。"走"的意思古今大不相同。文言中的"走"指"奔""跑"，而不是"慢慢地行"。上文"犬夜走归"，意为那条狗在夜里奔回家。成语"走马观花"，即"跑马看花"，形容观察得不仔细。

启发与借鉴

杨生的狗，很有人情味，所以他怎么也不肯给人。

练习

1. 解释文中加点的词。

① 彻________　　② 引________　　③ 顾________

2. 翻译文中画线的句子。

① 堕于涸井中________________________________

② 怪之____

哑孝子

崔长生，生而哑，性至孝，人呼“哑孝子”。孝子既哑，左手复挛(luán)[①]，佣工养其父母，出入必请安。后淮、徐[②]大饥，孝子行乞于乡，人悯之，遗以糟糠[③]，受而纳诸箪(dān)[④]，自掘野草以食。归则扶其跛父病母于茅檐下，尽倾箪中物，敬父母食，父母赖以活。一日，途见故纸，中有遗金[⑤]，守待失者而不得。月余，未见有求者，乃易猪饲之。猪蓄息[⑥]，遂为父母备棺。孝子待人，诚而信。父母先后卒，哭之恸，棺葬于野，后不知孝子所终。

注释

① 挛：蜷曲不能伸直。 ② 淮、徐：两处均为古地名。 ③ 糟糠：此指吃剩的食物。 ④ 箪：竹篮。 ⑤ 金：此指银子。 ⑥ 蓄息：繁殖。

阐发

释“赖”。上文“父母赖以活”中的“赖”，指依靠。句意为父母依靠他活命。又，“以捕鱼赖以存”，意为依靠捕鱼生活。又，“生活无赖，人济之”，意为生活没依靠，全凭别人帮助他。

启发与借鉴

世上竟有如此孝顺的聋哑人，实在难见。而如今有些土豪，竟把父母扫地出门，死活不管。两者相比，天壤之别。

练习

1. 解释文中加点的词。

① 至________ ② 饥________ ③ 乞________ ④ 悯________

⑤ 遗________ ⑥ 诸________ ⑦ 跛________ ⑧ 易________

⑨ 卒________ ⑩ 恸________

2. 翻译文中画线的句子。

佣工养其父母____________________________________

义 猴

某山隅[①]有一老农，早失偶，唯一女远适[②]他乡。有猎者怜其孤，赠以猴。老者爱如赤子，每出必从，不链不掣，而不离不逸，如是者五年。一日，老者暴卒，猴掩门，奔其姐，涕如雨。姐曰："父死乎？"猴颔之，乃俱归。老者家徒壁立，无以为葬，猴遍哭于乡，乡人乃资[③]而葬。姐欲引之去，猴不肯，仍牢守故宅，撷(xié)[④]果自食。每逢五必哭祭，似念老父养之五年也。后死于老者墓间。乡人怜之，乃葬于老者之侧，并勒[⑤]石曰：义猴之墓。

注释

① 山隅：山角。 ② 适：嫁。 ③ 资：资助。 ④ 撷：采摘。 ⑤ 勒：刻。

阐发

释"逸"。上文"不离不逸"中的"逸"，指逃跑。又，"牛逸"，意为牛逃跑。

启发与借鉴

一只猴子，竟对老人如此有情有义，读来实为感人。

练习

1. 解释文中加点的词。

① 偶_______ ② 掣_______ ③ 暴_______ ④ 掩_______

⑤ 涕_______ ⑥ 颔_______ ⑦ 徒_______ ⑧ 引_______

2. 翻译文中画线的句子。

乃俱归____________________

孝　丐

有丐不知其乡里，明[1]时，尝行乞于吴[2]。凡丐所得，多不食，每贮之竹筒中。见者以为异，久之，诘其故，曰："吾有母在，将以遗之。"有好事者欲窥其究，迹之行。行里许，至河旁，竹树掩映，一敝舟系柳阴下。舟虽敝，颇洁，有老媪坐其中。丐坐地，出所贮饮食整理之，奉以登舟。俟母举杯，乃起唱歌、为儿戏，以娱母。母食尽，然后他求[3]。一日乞道上，无所得，惫甚。有沈孟渊者，哀[4]而与[5]之食，丐宁忍饿，终不先母食也。如是者数年，母死，丐不知所终。丐自言沈姓，年可三十。

注释

① 明：指明朝。　② 吴：古地名。　③ 求：乞讨。　④ 哀：可怜。　⑤ 与：给。

阐发

释"可"。上文"年可三十"中的"可"，指大约。又，"其木可千株"，意为那树木大约有千株。又，"得鱼可十数"，捕得大约"十来条鱼"。

启发与借鉴

孝敬父母，是儿女应该的。像上文所说的那个乞丐，世上少见。

练习

1. 解释文中加点的词。

① 贮________　② 异________　③ 诘________　④ 迹________

⑤ 许________　⑥ 敝________　⑦ 颇________　⑧ 俟________

⑨ 急________

2. 翻译文中画线的句子。

将以遗之________________________

王石养牛

清[①]之王石，养一牛，春耕秋收，举家赖它。邻有困难，无偿以助。二十余年，牛老矣，不得直立，然家人日日割草喂之，爱之如宝。后气息奄奄[②]，家人含泪屠之。剖腹时，竟得一“牛黄”。此乃珍贵药物，可治疑难杂症，市之得百银，此乃天赞王石也。

注释

① 清：清朝。 ② 奄奄：气息微弱的样子。

阐发

释“赞”。上文“此乃天赞王石也”中的“赞”，指助，帮助。此句意为这是老天爷帮助王石。又，“为修寺，有富人赞之百银”，意为了修庙，有富人赞助一百两银子。又，“是人劣，无人赞之”，意为这人恶劣，没人帮助他。

启发与借鉴

一个善良的人，意外地获得了价值百银的“牛黄”。

练习

1. 解释文中加点的词。

① 举________ ② 赖________ ③ 屠________ ④ 市________

2. 翻译文中画线的句子。

无偿以助________________________________

荀巨伯探友

荀巨伯远看友人疾，值匈奴攻城。友人语巨伯曰："吾将死矣，子可去，勿无辜受害。"巨伯曰："远来相视，子令我去，败义[①]以求生，岂荀巨伯所行耶？"敌既至，谓巨伯曰："吾大军至，一城尽空，汝何男子，而敢独止？"巨伯曰："友人有疾，不忍委[②]之，宁以我身代友人命。"敌相谓曰："我辈无义之人，而入有义之邦。"遂班军[③]而还。

注释

① 败义：毁坏道义。　② 委：抛弃。　③ 班军：退兵。

阐发

释"相"。这是一个很特殊的词，可代你、他等。上文"相视"，意为看望你。又，"众人相助"，意为大家帮助他。又，"彼言明年见相"，意为他说明年见到你。

启发与借鉴

荀巨伯不怕死，愿意以自身代友人命，可见他们友谊之深厚，连敌人也被感动了。

练习

1. 解释文中加点的词。

① 值________　② 子________　③ 辜________　④ 既________

⑤ 一________　⑥ 止________　⑦ 邦________

2. 翻译文中画线的句子。

岂荀巨伯所行耶________________________________

张元收养弃狗

有犬为人所弃，惶惶于阡陌[1]间。张元见之，即收而养之。其叔父怒曰："何用此为？"将欲逐之。元乞求毋(wú)弃，曰："有生之物，莫不重其性命。若天生天杀，乃自然之理。今犬为人所弃，非道也。若见而不收养，无仁心也。"叔父感其言，遂许[2]焉。明年，犬随叔父夜行。叔父为蛇所啮，仆地不得行。犬亟奔至家，汪汪之声不停。张元怪[3]之，随犬出门，见叔父已不省人事。速延医治之，不日而愈。自此，叔父视犬如亲。

注释

① 阡陌：田间小路。　② 许：答应。　③ 怪：对……感到奇怪。

阐发

释"为"。它是个多义词，放在句末，多作疑问语气词，相当于"呢"。上文"何用此为"，意为要它干什么呢？又，"何惧为"，意为有什么可害怕呢？

启发与借鉴

人有情，狗有义。张元叔父大难不死，全靠这条弃狗！

练习

1. 解释文中加点的词。

① 逐________　② 毋________　③ 生________　④ 啮________

⑤ 仆________　⑥ 亟________　⑦ 延________

2. 翻译文中画线的句子。

① 莫不重其性命________________________

② 叔父感其言________________________

雁 冢

无锡荡口镇，有人得一雁，将杀而烹之。有书生见而悯焉，买以归，畜[1]之以[2]为玩[3]。惧其逸去，以线联其两翅，使不得飞。雁杂处鸡鹜（wù）间，亦颇驯，唯闻长空雁唳（lì）[4]，辄昂首而鸣。一日，有群雁过其上，此雁大鸣。忽有一雁自空而下，集于屋檐，二雁相顾，引吭奋翅，若相识者：一欲招之下，一欲引之上。书生悟此二雁必旧偶也。乃断其线，使飞。然此雁久系，不能奋飞，屡飞屡堕。竟不得去[5]。檐上之雁，守之终日，忽自屋飞下，相对哀鸣。越日，则俱毙矣。书生感其义，合而葬之，名曰“雁冢”。

注释

① 畜：畜养。 ② 以：介词，把，用。 ③ 玩：名词，供玩赏之物。 ④ 唳：鸣叫。 ⑤ 去：离开。

阐发

释“鹜”和“骛”。这两个字的形体相仿，不少人常搞错。但只要仔细一辨，它们的区别是极明显的。“鹜”的下部是“鸟”，属禽类，指鸭子。上文“雁杂处鸡鹜间”，意为大雁生活在鸡和鸭子中间。而“骛”的下部是“马”，属兽类，原指马奔跑得快，引申为追求，如成语“好高骛远”，意为不切实际地追求高、远。

启发与借鉴

雁亦有情，两情相爱，愿同生同死。

练习

1. 解释文中加点的词。

① 烹________ ② 悯________ ③ 逸________ ④ 唯________

⑤ 悟________ ⑥ 偶________ ⑦ 系________ ⑧ 俱________

2. 翻译文中画线的句子。

① 亦颇驯________________________________

② 引吭奋翅________________________________

熊与坎中人

有人入山射鹿，忽堕一坎①内，见熊子数头。须臾(yú)，有大熊入，以为必害己。良久，大熊出果分与诸子。末后作一份与此人。此人馁久，冒死啖②之。熊似甚怜之。每旦③，熊母觅食还，辄④分果与之，此人赖以活命。后熊子大，其母一一负而出。子既⑤出尽，此人自分必死坎中，而熊母复还，入坐人边。人解其意，便抱熊足，熊即跃出，遂得不死。呜呼，人言禽兽无义，然顾此熊，安得言无情哉！

注释

① 坎：坑。 ② 啖：吃。 ③ 旦：早晨。 ④ 辄：就。 ⑤ 既：已经。

阐发

释“须臾”。“须臾”是个时间副词，相当于“一会儿”。上文“须臾，有大熊入”，意为一会儿，有只大熊进入坑内。“须臾”的同义词有“俄”“顷”“旋”等。

启发与借鉴

人有情义，动物亦有情义。那只大熊不仅不加害人，而且让他出坑。奇哉！

练习

1. 解释文中加点的词。

① 良________ ② 馁________ ③ 觅________ ④ 赖________

⑤ 负________ ⑥ 分________ ⑦ 顾________

2. 翻译文中画线的句子。

① 熊似甚怜之________________________________

② 安得言无情哉______________________________

郑韶大难不死

隋炀帝时，闽中[①]郡太守郑韶养一犬，怜爱过[②]子。韶有仇家，曰薛元周。薛怨恨于心，常怀刃欲刃韶，然未得其便。一日，薛俟于巷口，知韶欲出。韶将出，犬曳(yè)其衣不放。韶怒，令家人缚犬于柱。犬掣绝[③]绳而走[④]奔之，又曳其衣不使去。韶异之。犬忽嗥吠，腾身咬杀元周。韶搜元周衣，果匿匕首[⑤]。

注释

① 闽中：古地名。 ② 过：超过，胜过。 ③ 掣绝：扯断。 ④ 走：跑。 ⑤ 匕首：短小的刀。

阐发

释"走"。今人说"走"，指慢行，而文言文中的"走"，指奔跑。又，"大军走北山"，意为大军从北山奔走。又，"盗已走"，意为小偷已经逃跑。

启发与借鉴

郑韶爱他的犬，犬亦有情，救了郑韶一命。这犬有仁爱之心。这叫以德报恩。

练习

1. 解释文中加点的词。

① 俟________ ② 曳________ ③ 匿________

2. 翻译文中画线的句子。

① 常怀刃欲刃韶________________________

② 韶异之________________________

李勉埋金

唐时有书生旅宋州①。时李勉②少年贫苦，与书生同店③。不旬日，书生疾作，遂至不治，临绝语勉曰："我洪州④人也，将于北都⑤求官。于此得疾而死，其⑥命也。"因出囊金⑦百两遗勉，曰："足下为我毕死事，余金奉之。"勉许为办事，余金乃密置于墓中而同葬焉。后数年，勉任开封尉⑧，书生兄弟寻问至，诘勉余金事，勉携之至墓所，出金焉。

注释

① 宋州：古州名。 ② 李勉：曾任唐朝宰相。 ③ 店：客栈。 ④ 洪州：古州名。 ⑤ 北都：指开封府。 ⑥ 其：大概。 ⑦ 金：指银子。 ⑧ 尉：负责地方治安的官吏。

阐发

释"作"。上文"疾作"中的"作"，指"发"，"疾作"意为发病。又，"夕有声作"，意为夜里有声音发出。又，"洪水大作"，意为洪水大发。

启发与借鉴

李勉是个诚实、好心、能竭力助人的人。对不相识的书生如此帮助，实为难见。

练习

1. 解释文中加点的词。

① 绝________ ② 囊________ ③ 遗________ ④ 诘________

2. 翻译文中画线的句子。

足下为我毕死事，余金奉之______________________________

吕蒙正不记人过

吕蒙正[①]相公[②]不喜记人过。初参知政事，入朝堂，有朝士[③]于帘内指之曰："是小子亦参政耶？"蒙正佯为不闻而过之。其同列[④]怒之，令诘其官位姓名，蒙正遽止之。罢朝[⑤]，同列犹不能平，悔不穷问。蒙正曰："若一知其姓名，则终身不能复忘，固[⑥]不如毋知也。不问之，何损？"时皆服其量。

注释

① 吕蒙正：宋朝人，曾任宰相。 ② 相公：对宰相的尊称。 ③ 朝士：朝廷官员。 ④ 同列：同僚。 ⑤ 罢朝：朝会结束。 ⑥ 固：同"故"。

阐发

释"是"。现代汉语中的"是"，多作判断词用，如"这是书""我是中学生"，而古文中的"是"，多作代词用，相当于"这"。上文"是小子亦参政邪"中的"是"，即指"这"，句意为这小子也竟做起参知政事来了？又，"是人也好逸恶劳"，意为这个人好逸恶劳。

启发与借鉴

俗话说"宰相肚里好撑船"。吕蒙正不追问嘲笑他的人，其器量可谓大矣。

练习

1. 解释文中加点的词。

① 过________ ② 是________ ③ 诘________ ④ 穷________

⑤ 毋________ ⑥ 损________ ⑦ 量________

2. 翻译文中画线的句子。

蒙正佯为不闻而过之________________________________

苏东坡书扇

东坡临钱塘①日，有诉负绫绢钱二万不偿②者。公呼至询之，云："某家以制扇为业，适父死，而又自今春以来，连雨天寒，所制不售，非故负之也。"公熟视久之，曰："取汝所制扇来，吾当为汝发市③也。"须臾扇至，公取二十扇，作行书草书及枯木竹石，顷刻而尽，即以付之曰："出外速偿所负也。"其人抱扇泣谢而出。始逾府门，而好事者④争以千钱取一扇，所持立尽，后至而不得者，至懊恨不胜而去。遂尽偿所逋(bū)⑤，一郡称赞，至有泣下者。

注释

① 钱塘：古地名。 ② 偿：还。 ③ 发市：开市。 ④ 好事者：喜欢新奇的人。 ⑤ 逋：拖欠。

阐发

释"逾"。上文"始逾府门"中的"逾"，指"越过"，意为才跨过官府的大门。又，"年逾七十"，意为年纪超过七十。又，"所借书逾时未归"，意为所借的书超过时限而没归还。又，《石壕吏》："老翁逾墙走，老妇出门看。"所谓"逾墙"，指翻过墙头。

启发与借鉴

苏东坡是著名书法家、诗人。他的字很值钱，所以人们争着买扇，其实是为了买苏东坡的字。他写字，为人还债，仁人之心可见。

练习

1. 解释文中加点的词。

① 负________ ② 询________ ③ 云________ ④ 适________

⑤ 售________ ⑥ 故________ ⑦ 付________ ⑧ 泣________

⑨ 恨________

2. 翻译文中画线的句子。

公熟视久之______________________________

刘颇治堵车

渑(miǎn)池[1]道中，有车载瓦瓮[2]，塞于隘路。属天寒，冰雪峻滑，进退不得。日向暮，官私客旅群队，铃铎[3]数千。罗拥在后，无可奈何。有客刘颇者，扬鞭而至，问曰："车中瓮直几钱？"答曰："七八千。"颇遂开囊取缣[4]，立偿之。命僮仆登车，断其结络[5]，悉推瓮于崖下。须臾，车轻得进，群噪而前。

注释

① 渑池：古地名。 ② 瓮：陶制的盛器。 ③ 铎：大的铃。 ④ 缣：丝织品。此指以缣作货币的券。 ⑤ 结络：捆扎瓦瓮的绳子。

阐发

释"悉"。上文"悉推瓮于崖下"中的"悉"，指"全部"。又，"父来信家中事悉知"，意为父亲来信家中的事全知道。又，"飓风将幼树悉吹倒。"意为飓风将幼树全吹倒。又，"其事吾悉不知"，意为那事我全不知道。

启发与借鉴

刘颇为了大局，宁愿花七八千钱打通了道路。众人受益不少。

练习

1. 解释文中加点的词。

① 属________ ② 向________ ③ 罗________ ④ 直________

⑤ 囊________ ⑥ 偿________ ⑦ 噪________

2. 翻译文中画线的句子。

塞于隘路________________________________

王长年智救同胞

王长年①，闽②人，宋③中期，倭④薄省城大掠。长年为贼得，挟入舟。舟中贼可五十人，同执者男女十余人，财物珍奇甚众。贼舟百艘许，同日扬帆泛海去。长年时时佯为好语媚贼，酋长⑤信之。长年乘间谓同执者曰："贼还，将抵国，不吾备也。今幸东北风厉，诚能醉贼，得其刀，尽杀之。"皆曰："善！"会舟夜碇(dìng)⑥海中，诸妇为媚歌唱，迭劝酒，饮大醉。妇人收其刀以出，长年手巨斧，杀人执刀，尽杀之，继缆发舟。旁舟贼觉，追之。舟人持瓷器杂物奋击，毙一酋。长年固善舟，日夜乘风举帆，得脱。

注释

① 长年：长，通"掌"。长年即船工。 ② 闽：古地名。 ③ 宋：宋朝。 ④ 倭：旧时称日本。 ⑤ 酋长：头领。 ⑥ 碇：抛锚。

阐发

释"固"。上文"长年固善舟"中的"固"，指"本"或"本来"。又，"吾固善鱼"，意本善于捕鱼。又，"彼固贾"，意为他本来经商。又，"此木固吾所有"，意为这树本来是我的。

启发与借鉴

王长年智斗倭寇，称得上爱国英雄。

练习

1. 解释文中加点的词。

① 薄________　② 贼________　③ 执________　④ 许________

⑤ 信________　⑥ 厉________　⑦ 迭________　⑧ 毙________

⑨ 酋________

2. 翻译文中画线的句子。

① 舟中贼可五十人________________________________

② 长年时时佯为好语媚贼________________________________

③ 诚能醉贼________________________________

于令仪诲人

宋人于令仪者，市井[①]人也，长厚[②]不忤(wǔ)物，晚年家颇丰富。一夕，盗入其家，诸子擒之，乃邻舍之子也。令仪曰："汝素寡悔[③]，何苦而为盗耶？"曰："迫于贫耳。"问其所欲，曰："得十千[④]足以衣食。"如其欲与之。既去，复呼之，盗大恐，谓曰："尔贫甚，夜负十千以归，恐为人所诘。"留之，至明日使去[⑤]。盗大感愧，卒为良民。

注释

① 市井：做买卖。 ② 长厚：年长而忠厚。 ③ 寡悔：很少做对不起自己良心的事。 ④ 十千：指一万个铜钱。 ⑤ 使去：让他走。

阐发

释"物"。"物"指器物，尽人皆知。上文"长厚不忤物"中的"物"，指"人"，"忤物"即得罪人。又，"恃才傲物"，意为自以为有才能而瞧不起别人。

启发与借鉴

于令仪对小偷不仅宽大处理，还送给他很多钱。君子之风，可见一斑。

练习

1. 解释文中加点的词。

① 忤________ ② 颇________ ③ 夕________ ④ 迫________

⑤ 既________ ⑥ 负________ ⑦ 卒________

2. 翻译文中画线的句子。

① 如其欲与之________________________

② 恐为人所诘________________________

韩琦大度

韩魏公[1]知北都[2]，有中外亲[3]献玉盏一只，云耕者入坏冢(zhǒng)[4]而得，表里无纤瑕可指，真绝宝[5]也，公以百金答之，尤为宝玩[6]。乃开醇召漕使显官[7]，特设一卓[8]，覆以绣衣，致玉盏其上，且将用之将酒[9]，遍劝[10]坐客。俄为吏将[11]误触台倒，玉盏俱碎，坐客皆愕然，吏将伏地待罪。公神色不动，笑谓坐客曰："物破亦自有时。"谓吏将曰："汝误也，非故也，何罪之有？"公之量宽大重厚如此。

注释

① 韩魏公：即韩琦，北宋名将，封魏国公。 ② 知北都：任并州长官；北都，即并州(今山西太原一带)。 ③ 中外亲：指表兄弟。 ④ 冢：坟墓。 ⑤ 绝宝：极珍贵的宝贝。 ⑥ 玩：欣赏。 ⑦ 开醇召漕使显官：打开美酒招待水运的高官。 ⑧ 卓：同"桌"。 ⑨ 将酒：敬酒。 ⑩ 劝：敬酒。 ⑪ 吏将：差役的头领。

阐发

1. 释"知"。上文"韩魏公知北都"中的"知"，指掌管，句意为韩琦任北部长官，其官职为"知州"，即一州的长官。"知府"即一府的长官，如"杭州知府"，意为杭州府的长官；"知县"即一县的长官，如"益昌知县"，意为益昌县的长官。

2. 释"瑕"。"瑕"本指玉上的斑点，上文"表里无纤瑕可指"，意为玉盏里外没丝毫斑点可指摘。又，"璧有瑕，请指示王"，意为玉璧上有斑点，请指给大王看。它又引申为"疵点""小毛病"。成语有"瑕瑜互见"，比喻有缺点也有优点(瑜，玉上的光采)。

启发与借鉴

百金的玉盏被差役打碎，差役犯下这天大的罪过，主人却原谅了他，其器量之大，很少有人能相比。

练习

1. 解释文中加点的词。

① 云________　② 答________　③ 覆________　④ 致________

⑤ 俄________　⑥ 俱________　⑦ 愕________

2. 翻译文中画线的句子。

① 表里无纤瑕可指________________________

② 汝误也，非故也，何罪之有________________________

苏东坡焚房契

东坡自儋(dān)[①]北归，择居阳羡[②]。邵民瞻为其购一宅，为钱五十万，坡倾囊仅能偿之。后择吉日入新第。尝与邵步月下，偶至一村落，闻有妇人哭声甚哀，遂推扉而入，一老妪见坡泣自若。坡问何故，妪曰："吾有一屋，相传百年，而吾子不肖[③]，售于人。日前吾迁徙来此，百年旧居一旦诀别，宁不痛心？"问其故居所在，则坡所买之第也。坡再三抚慰，曰："妪之旧居，乃我所售也，不必深悲，今当以是屋还妪。"即命人取屋券对妪焚之，呼妪子翌日迎母还旧第，竟不索其值。

注释

① 儋：古地名。　② 阳羡：古地名。　③ 不肖：不成材。

阐发

释"第"。"第"可指"住宅""房屋"。上文"后择吉日入新第"，意为后来选择了吉利的日子住进新买的住宅。"呼妪子翌日迎母还旧第"，意为叫老妇人的儿子第二天接母亲住进原来的房屋里。又，"大第"即高大的房屋；"造第拜见"，意为登门拜访。

启发与借鉴

苏东坡焚房券，把老屋还给老人，一片善良之心，谁不感动！一般人是做不到的，苏东坡有颗君子仁人之心。

练习

1. 解释文中加点的词。

① 择________　② 扉________　③ 售________　④ 诀________

⑤ 宁________　⑥ 是________　⑦ 券________

2. 翻译文中画线的句子。

① 坡倾囊仅能偿之________________________________

② 竟不索其值________________________________

穿 井 报 恩

晋[①]魏郡[②]亢阳[③]，久旱无雨，农夫祷(dǎo)于龙洞，得雨，将祭谢之。孙登见而曰："此病龙之雨，安得苏禾稼乎？如弗信，请嗅之。"农夫嗅雨，果腥秽。龙时背上生疽(jū)，闻登言，变为一翁，求治，曰："疾痊，当有报。"登治之，不数日，果大雨。见大石中裂开一井，其水湛(zhàn)然[④]。盖龙穿此井以报也。

注释

① 晋：晋朝。 ② 魏郡：古地名。 ③ 亢阳：太阳光极猛。 ④ 湛然：清澈的样子。

阐发

1. 释"秽"。它本是肮脏。上文"果腥秽"中的秽指臭。又，"庭院秽芜"中的秽，指肮脏。又，"室中秽"意为家中肮脏。

2. 释"安得。""安得"是个文言固定词组，相当于"怎能"，也可写成"安能"。上文"安得苏禾稼乎"，意为怎能使庄稼复苏呢。又，"如此品行，安得为人父"，意为这般品行，怎能做父亲。

启发与借鉴

孙登救了一条背上生毒疮的龙。龙下大雨，禾苗遂苏醒。

练习

1. 解释文中加点的词。

① 祷________ ② 苏________ ③ 疽________

2. 翻译文中画线的句子。

将祭谢之________________________________

蔡磷坚还亡友财

蔡磷，字勉旃(zhān)，吴县[①]人。重诺责[②]，敦风义[③]。有友某以千金寄之，不立券。亡何[④]，其人亡。蔡召其子至，归之[⑤]。愕然不受，曰："嘻！无此事也，安有寄千金而无券者？且父未尝语我也。"蔡笑曰："券在心，不在纸。而翁知我，故不语郎君。"卒辇(niǎn)[⑥]而致之。

注释

① 吴县：今江苏境内。 ② 诺责：诺言和责任。 ③ 敦风义：重视情谊。 ④ 亡何：不久。 ⑤ 归之：还给他。 ⑥ 辇：车子。这里是"用车子(运)"的意思。

阐发

释"而"作为第二人称代词。文言中第二人称代词有"汝""尔""若""乃"等。上文"而翁知我"中的"而"，也作第二人称用，相当于"你"，句意为你父亲了解我。又，"而祖尝为朝官"，意为你的祖上曾经是朝廷大官。又，"而之病乃不逊"，意为你的缺点是不谦虚。

启发与借鉴

友情深厚，何必写借条。

练习

1. 解释文中加点的词。

① 券________　　② 至________　　③ 语________　　④ 卒________

⑤ 致________

2. 翻译文中画线的句子。

① 愕然不受________________________________

② 安有寄千金而无券者________________________________

乞　儿

赵[1]有夫妇，年四十许，无子女。一日，夫于市中见一儿乞食。问其故，曰："父母咸亡，无力存。"夫悯之，欲收而养之，谓妇曰："吾无子女，留之为子，如何？"妇曰："甚善。"遂携之归家。其儿侍养父极孝。日出而作，日入而息。母有疾，则百计千方为之治。或曰："此儿胜于亲生。"后数日不见儿，人曰恐去矣。盖[2]于山中觅得"红花草"，为母治疾。未久，疾愈，人称孝子。

注释

① 赵：赵国。　② 盖：原来。

阐发

释"许"。它是个多义词。上文"年四十许"中的许，是个约数，相当于左右。又，"网得鱼五头许。"意为逮得鱼五条左右。又，"伪军约三十许。"意为伪军大约三十来个人。

启发与借鉴

一个领养的孩子，如此孝顺父母，知恩图报。

练习

1. 解释文中加点的词。

① 乞________　② 咸________　③ 存________　④ 悯________

⑤ 或________　⑥ 去________　⑦ 觅________

2. 翻译文中画线的句子。

遂携之归家________________________

司马光卖马

司马温公[①]闲居西京，一日令老兵卖所乘马，嘱云："此马夏月[②]有肺病，若售者，先语之。"老兵窃笑其拙，不知其用心也。

注释

① 司马温公：指司马光，封温国公。　② 夏月：夏季。

阐发

释"拙"。上文"笑其拙"中的"拙"，指"笨"。又，"吾拙，不得为也"，意为我笨，不能干这事。又，"尔非拙，乃不勤也"，意为你不是笨，而是不勤恳。

启发与借鉴

卖马而先要告诉对方这马有肺病，老实而又善良。

练习

1. 解释文中加点的词。

① 令________　② 云________　③ 售________　④ 窃________

2. 翻译文中画线的句子。

先语之______________________________

参考答案

陆绩怀橘

1. ① 胸怀里藏着　② 到　③ 掉下　2. ① 这橘子甜，想要藏在胸怀里，回去给母亲吃　② 袁术认为他与众不同

黄香温席

1. ① 从前　② 正当　③ 服侍　④ 使　⑤ 被子　2. 用来等待父母亲睡得暖和

王安期不鞭书生

1. ① 抓住　② 说　③ 放走　2. 从老师家学习回家

司马光救友

1. ① 院子　② 立刻　③ (水)涌出　④ 有　2. 很多小孩都抛弃落水儿离去了

王生养蛇

1. ① 职业　② 出卖　③ 答应　2. ① 靠近蛇去玩弄它　② 过了两年

张菊分李

1. ① 院子　② 季节　③ 总计　④ 带着　⑤ 也　⑥ 有人　2. ① 争着要李子　② 也长了很多大的果子

包惊几为人嫁女

1. ① 友好　② 嫁　③ 年　④ 称赞　2. 照顾他家很周到

刘、沈处世各异

1. ① 认得　② 你　2. 和人相处应当像沈麟士一样

黄仙裳济友

1. ① 住所　② 婉拒　③ 这　④ 急　**2.** 分一半用来赠送给他

陶侃不伤农

1. ① 视察　② 随意　③ 抓起来　④ 富足　**2.** ① 要这个干什么　② 你不种田，却要伤害人家未熟稻

孝女婉花

1. ① 只　② 担任　③ 突然　④ 完整　⑤ 帮助　⑥ 老人　**2.** 邻居帮助她

王羲之书六角扇

1. ① 写　② 恼怒　③ 于是　④ 只要　**2.** ① 王羲之在她的扇子上书写，每把扇子上写五个字　② 人们争着购买

手足情

1. ① 依靠　② 生存　③ 快跑　**2.** ① 像这样有二十年　② 突然生病而死

孙泰

1. ① 年轻　② 拜师　③ 大的　④ 坏　⑤ 问　⑥ 嫁　⑦ 买　⑧ 原来是　⑨ 急　**2.** 品行很有古代贤人的风格

周公安民

1. ① 攻下　② 唤　③ 房屋　④ 耕种　**2.** ① 怎么处理他们　② 拿他们怎么办

郗鉴爱幼

1. ① 饥饿　② 活　③ 就　④ 放　**2.** ① 轮流供给他饭吃　② 所以大家帮助你

雏燕

1. ① 终　② 很　③ 原来是　④ 掉落　⑤ 催促　⑥ 放　**2.** ① 安放在笼子里而且喂养它　② 你怎能长久饲养它呢

刘氏善举

1. ① 救助 ② 送 ③ 死 ④ 几乎 ⑤ 领会 ⑥ 行为 2. 终年像这样(劳作)

二鹊救友

1. ① 停 ② 一会儿 ③ 飞 ④ 像尾巴一样(跟在后面) ⑤ 好像 ⑥ 大概 2. 喜鹊在上面徘徊飞翔

永泉夫妇

1. ① 将 ② 当地 ③ 嫁 ④ 衡量 2. 我也应当对待你母亲像是我自己的母亲

鲁恭治中牟

1. ① 暗中 ② 一同 ③ 幼小禽类动物 ④ 只会 2. 重视道德感化,不用刑罚

张之万之马

1. ① 坚持 ② 问 ③ 刚 ④ 掉下 ⑤ 等到 ⑥ 大概 2. ① 张之万不同意 ② 张之万对此感到奇怪

救火

1. ① 只有 ② 大腿 ③ 借 ④ 婉言拒绝 2. 没什么用来报答救火的人

吴氏修桥

1. ① 掉落 ② 讥笑 ③ 错 ④ 好 2. ① 如果不修理它 ② 为什么要给它修复

治蛇伤

1. ① 我 ② 超过 ③ 讲究信用 ④ 大腿 ⑤ 寻找 2. ① 我对此感到奇怪 ② 从未失约过

闵之骞

1. ① 又 ② 驾(车) ③ 抓住 ④ 离去 ⑤ 也 ⑥懊悔 2. 使我儿受冻,你离开,不要留在这儿

次非斩蛟

1. ① 发 ② 害怕 ③ 被 ④ 都 2. 你曾经听说过两条蛟龙夹住船而船上的人能活命吗

曹彬称病

1. ① 众　② 希望　③ 只　④ 胡乱　**2.** 众将领答应

顾荣施炙

1. ① 停下　② 送，给　③ 讥笑　**2.** 经常有一个人帮助他

王力井中救童

1. ① 掉落　② 抓住　③ 拉　④ 用尽　**2.** 没办法救他

崔篆

1. ① 掉下泪　② 这（地步）　③ 规劝　**2.** ① 你确实是个仁慈的人　② 小吏默默地没话回答

何易于挽纤

1. ① 县官　② 部下　③ 路过　④ 找　⑤ 正当　**2.** 只有县官没事可做

焦饭遗母

1. ① 常　② 往往，经常　③ 收　④ 饿　**2.** 没有什么用来作粮食

季札重诺

1. ① 顺路拜访　② 脸上神色　③ 返　④ 已去世的　⑤ 国君自称　**2.** 然而他心里已答应送给他了

秦西巴纵麑

1. ① 拿着　② 悲伤　③ 只是　④ 赶走　⑤ 伤害　**2.** 将小鹿释放归还给母鹿

徐立群夜遇骷髅

1. ① 等到　② 料想　③ 尽　**2.** 就把它们埋在旁边残破的棺材里

陈谏议教子

1. ① 驾驭　② 马棚　③ 问　④ 那　⑤ 立刻　⑥ 制服　⑦ 告诫　**2.** 很多人被它踢咬

邓攸保侄

1. ① 遇到 ② 带着 ③ 儿子 ④ 只 **2.** ① 不如抛弃自己的儿子 ② 怀抱遗民而逃跑

原谷收舆

1. ① 讨厌 ② 违背 ③ 再 ④ 用车子载着 **2.** 你为什么要收下这不吉利的器具

石虎为佣

1. ① 雇工 ② 拒绝 ③ 修理 ④ 就 **2.** 就加倍给做佣工的工资

杨生之狗

1. ① 爱 ② 倒地 ③ 快奔 **2.** 大火烧到身边(杨生)才避免了被烧死

“的卢”救刘备

1. ① 驻扎 ② 乘机 ③ 捉拿 ④ 掉落 ⑤ 跳 **2.** ① 然而害怕他的能力 ② 假装去上厕所,悄悄地逃跑了

鳝救婢

1. ① 经营 ② 多 ③ 等到 ④ 歇(业) **2.** 一个女佣可怜它们

李传世

1. ① 左右 ② 当地 ③ 县官 ④ 完全 ⑤ 担心 ⑥ 表扬 **2.** 就在郡府旁租屋居住

何仁之子

1. ① 能够 ② 别的(地方) ③ 做雇工 ④ 过了 ⑤ 急 ⑥ 邀请 ⑦ 连年 **2.** 有什么辛苦的

周氏售羊

1. ① 出卖 ② 买 ③ 全 ④ 这 ⑤ 好 ⑥ 小羊 ⑦ 度量 **2.** ① 姓周的对此感到奇怪 ② 哪有故意抬高价值的

爱鸟

1. ① 从前 ② 筑窝 ③ 讨厌 ④ 有生命的动物 ⑤ 很 ⑥ 都 **2.** ① 那小鸟，人可以弯下身子看它 ② 被鸟类信任

李密侍奉祖母

1. ① 失去父亲 ② 嫁 ③ 派 ④ 催促 ⑤ 这 ⑥ 诚恳 ⑦ 凄凉 **2.** 有人怀疑他不想归附晋朝做官

杨氏力守项城

1. ① 攻下 ② 县官 ③ 这里 ④ 哭 ⑤ 适逢 ⑥ 带领 **2.** ① 你抛弃城逃跑，谁来守城 ② 你们生长在这里 ③ 死在战场，比死在床上好得多

瓮中小人

1. ① 左右 ② 开 ③ 回(瓮内) ④ 找 ⑤ 官府 ⑥ 才 ⑦ 迷惑 ⑧ 突然 ⑨ 缩小 ⑩ 他 ⑪ 道具 **2.** ① 详细地问小人的出处 ② 用棍棒打死艺人

唐临为官

1. ① 租税 ② 适逢 ③ 好 ④ 报告 ⑤ 释放 ⑥ 同意 ⑦ 担当 ⑧ 全部 **2.** 不耕作凭什么来使人活命

巴延三毁“驴香馆”

1. ① 店铺 ② 极 ③ 开水 ④ 吃 ⑤ 长官 ⑥ 刻 **2.** 先用酒让它喝醉

周侃辞古币

1. ① 离 ② 经商 ③ 周到 ④ 急忙 ⑤ 将 ⑥ 回答 ⑦ 赠送 ⑧ 坚决 **2.** 便从竹箱子中拿出古币

卢仁与鹤

1. ① 温顺 ② 受伤 ③ 勉强 ④ 才 ⑤ 此指拄着 ⑥ 厉 ⑦ 你 ⑧ 陪伴 **2.** 你不是我的伴侣吗

神龟

1. ① 想 ② 弯下 ③ 晒 ④ 院子 **2.** ① 所以把它放在河里 ② 对此感到惊讶 ③ 全家对此感到

奇怪

华隆之犬

1. ① 全 ② 咬 ③ 倒 ④ 知 **2.** ① 狗快奔到家，狂叫不停 ② 家里的人对此感到奇怪 ③ 用车子装着回家，两天后才醒过来

王华之犬

1. ① 砍柴 ② 靠近 ③ 跟随 ④ 击、抓取 ⑤ 倒 ⑥ 稍 ⑦ 追 ⑧ 口水 ⑨ 渐渐地 ⑩ 醒 ⑪ 很 ⑫ 疲劳 **2.** ① 突然跳上老虎的头，咬虎的鼻子 ② 这夜就死了

祭祖

1. ① 正在 ② 喂奶 ③ 遇到 ④ 吃素食 **2.** 两只小羊怎么能活命

一钱太守

1. ① 太平 ② 老头 ③ 携带 ④ 别的 ⑤ 太守 ⑥ 遇到 ⑦ 拒绝 **2.** ① 有时狗叫整夜 ② 我的政绩哪里像您几位长者所说的那样好呢

梁上君子

1. ① 饥饿 ② 暗中 ③ 承认 ④ 反省 **2.** ① 只是沾染了坏习惯 ② 陈实慢慢地开导他

七擒孟获

1. ① 已 ② 早先 ③ 只 ④ 释放 **2.** 命令活捉后把他送上

猿子

1. ① 温顺 ② 聪明 ③ 箭 ④ 估计 ⑤ 完 ⑥ 才 ⑦ 往往 ⑧ 死 ⑨ 吝惜 **2.** 他们还比不上猿子

楚有献凤凰者

1. ① 是的 ② 报答 ③ 正 ④ 死 **2.** ① 你卖它吗 ② 不卖它

张五悔猎

1. ① 追 ② 带领 ③ 赶上 ④ 估计 **2.** 把所看到的一一告诉儿子

天仙配

1. ① 孤单 ② 结束 ③ 你 ④ 出(力) **2.** ① 没(钱)用来安葬(父亲) ② 于是和董永一起去见主人

春风风人

1. ① 连同 ② 一同(来) ③ 也 **2.** 我设法为他出狱

郑板桥开仓济民

1. ① 县官 ② 往往 ③ 救助 ④ 职务 **2.** ① 几案上没有滞留的公文 ② 恰逢荒年,百姓饥饿地吃人

狗亦有灵

1. ① 通(宵) ② 伸长 ③ 回头看 **2.** ① 掉落在枯井里 ② 对此感到奇怪

哑孝子

1. ① 极 ② 灾荒 ③ 讨取 ④ 同情 ⑤ 送给 ⑥ "之于"的合音 ⑦ 瘸子 ⑧ 换 ⑨ 死 ⑩ 极悲伤 **2.** 做雇工养活他的父母

义猴

1. ① 配偶,指妻子 ② 牵 ③ 突然 ④ 关闭 ⑤ 泪 ⑥ 点头 ⑦ 只有 ⑧ 牵 **2.** 于是一起回来

孝丐

1. ① 储藏 ② 奇怪 ③ 问 ④ 跟随 ⑤ 左右 ⑥ 破旧 ⑦ 很 ⑧ 等候 ⑨ 疲倦 **2.** 准备用来给母亲吃

王石养牛

1. ① 全 ② 依靠 ③ 杀(牲口) ④ 出卖 **2.** 不要代价地帮助

荀巨伯探友

1. ① 遇到 ② 你 ③ 罪 ④ 已 ⑤ 全 ⑥ 留下 ⑦ 国 **2.** 难道是我的行为吗

张元收养弃狗

1. ① 赶走 ② 不要 ③ 生命 ④ 咬 ⑤ 倒地 ⑥ 急 ⑦ 邀请 **2.** ① 没有不看重它的生命 ② 叔父被他的话所感动

雁冢

1. ① 煮 ② 同情 ③ 飞走 ④ 只是 ⑤ 领会 ⑥ 配偶 ⑦ 扎住 ⑧ 同 **2.** ① 也很温顺 ② 伸长脖子鸣叫，努力展翅飞翔

熊与坎中人

1. ① 很 ② 饥饿 ③ 寻找 ④ 依靠 ⑤ 背着 ⑥ 估计 ⑦ 看 **2.** ① 熊似乎很爱护他 ② 怎能说没情义呢

郑韶大难不死

1. ① 等候 ② 拉住 ③ 暗藏 **2.** ① 经常胸怀里藏着刀想杀郑韶 ② 郑韶对此感到奇怪

李勉埋金

1. ① 死 ② 布袋 ③ 送给 ④ 问 **2.** 你为我处理完死事，其余的银子送给你

吕蒙正不记人过

1. ① 过错 ② 这 ③ 问 ④ 彻底 ⑤ 不 ⑥ 害 ⑦ 度量 **2.** 吕蒙正假装没听见而在他面前经过

苏东坡书扇

1. ① 拖欠 ② 问 ③ 说 ④ 恰巧 ⑤ 出卖 ⑥ 故意 ⑦ 交给 ⑧ 流泪 ⑨ 遗憾 **2.** 苏东坡看了很长时间

刘颇治堵车

1. ① 遇 ② 将近 ③ 罗列 ④ 价格 ⑤ 布袋 ⑥ 赔 ⑦ 喧闹 **2.** 堵塞在陕路上

王长年智救同胞

1. ① 靠近 ② 敌人 ③ 抓去 ④ 左右 ⑤ 信任 ⑥ 猛烈 ⑦ 轮流 ⑧ 死 ⑨ 头领 **2.** ① 船里敌人约五十人 ② 长年时时假装说好话讨好敌人 ③ 如果能使敌人醉倒

于令仪诲人

1. ① 触犯 ② 很 ③ 晚上 ④ 被迫 ⑤ 已经 ⑥ 带着 ⑦ 终于 **2.** ①(于令仪)按照他的要求给了他 ② 恐怕会被人追问的

韩琦大度

1. ① 说 ② 报答 ③ 盖住 ④ 安放 ⑤ 一会儿 ⑥ 一同,全 ⑦ 惊讶 **2.** ① 表面和内中没有丝毫瑕疵可指责 ② 你是失误,不是故意的,有什么罪过呢

苏东坡焚房契

1. ① 选择 ② 门 ③ 出卖 ④ 分别 ⑤ 难道 ⑥ 这 ⑦ 凭据 **2.** ① 苏东坡拿出所有的钱仅仅能偿还他 ② 竟然不收取她的钱

穿井报恩

1. ① 祈祷 ② 苏醒 ③ 一种生在背上的毒疮 **2.** 将要祭祠感谢它

蔡磷坚还亡友财

1. ① 票据凭证 ② 到来 ③ 告诉 ④ 最后 ⑤ 到达 **2.** ①(那人的儿子)感到惊讶没有接受 ② 怎么会有寄放一千两白银却不立字据的人呢

乞儿

1. ① 讨取 ② 都 ③ 活命 ④ 同情 ⑤ 有人 ⑥ 离去 ⑦ 寻找 **2.** 就带着他回家

司马光卖马

1. ① 使 ② 说 ③ 出卖 ④ 暗(笑) **2.** 先要告诉对方

后　记

参加本书编写的还有：杨璞、王明江、王志萍、杨夏川、杨夏栋、郭春君、杨燕、戴娜、王志喜、李明、柳泉等。在此一并感谢。

杨振中